마음으로 읽는 지혜

그라시안 · 라 로슈푸코 / 김성연 엮음

지성문화사

머 리 말

이 세상에는 수많은 잠언들이 있다. 그것들은 베이컨의 박식한 수필에서부터 일상대화에서 회자되는 중국의 간단한 금언에 이르기까지 다양한 형태로 나타난다.

그런 많은 이야기 중, 그라시안의 언어는 지나치게 고상하지도 진부하지도 않기에 늘 우리 삶 속에 친숙하게 다가온다.

그는 333년 전 중부 스페인에서 태어나, 스페인 역사의 황혼기에 세 군데 —— 군대·마드리드 법정·교회당 —— 에서 그의 야망에 찬 청년기를 보냈다. 그리고 성직자의 삶을 택해, 아라곤의 조그만 대학에서 문학을 가르치기도 했다. 그후에 그가 대학에서 교구사제로 일했다는 것 외에 그에 대해 알려진 전력은 그리 많지 않다.

스페인의 화가 고야가 그의 초상화를 그렸지만 불행히도 분실되었거나, 마드리드 근교의 에스코리얼 성의 거대한 미술 소장소에 익명으로 묻혀 버렸을 것이라는 이야기만이 알려져 있을 뿐이다.

수많은 세월을 통해 평범하지 않은 명사들이 그의 추종자로 있었다. 최근에 작고한 아서 브리스반은 '그라시안은 교훈적이며 영감을 준다.'라고 말했다. 윈스턴 처칠은 보어 전쟁 중 아프리카로 가는 배 안에서 그의 초기 번역물을 읽었다고 회고록에서 언급했다. 그리고 그를 가장 적절히 묘사한 쇼펜하우어는 그의 책을 직접 번역하기도 하였다. 쇼펜하우어는 후에 그의 글에서 다음과 같이 말했다.

"정치가로서 마키아벨리를 말한다면, 한 개인으로서는 그라시안을 말하겠다."

그라시안은 많은 이들에게 커다란 의미가 되어 왔다. 위인들에게는 뒤돌아볼 수 있는 위로의 존재가 되었고, 청년들에게는 앞을 바라보게 하는 인도와 추진력의 근원이 되었던 것이다.

그라시안은 1658년 겨울, 50대 후반에 사망했다. 그러나 그의 수많은 작품들, 즉 드라마·시·풍자적인 글 속의 금언들은 사람들의 마음 속에 영원히 남아 있을 것이다.

끝으로, 이 책을 엮음에 있어 다른 저서를 참고했음을 밝혀둔다.

차   례

바타자르 그라시안

운명에 관하여

인생을 편견 없는 진실된 시각을 가지고 그 자체로 받아들여라. 근본적으로 당신 자신이 스스로 철학자가 되어야 한다. 철학이 없는 사람, 그는 목적이 없는 사람이다. 철학은 유행이나 인기를 타는 것이 아니니, 시대의 유행은 잊어버려야 한다.

역사는, 철학이야말로 끝없이 질문하며 생각하는 과학이며 세상을 사는 지혜의 기초가 된다는 것을 확실하게 증명하고 있다. 무엇이 옳고 무엇이 그른 것인가, 무엇을 배워야 하고 무엇을 피해야 하는가를 발견하는 것——이것이 철학이며, 이 철학은 영원히 사라지지 않을 것이다.

심오한 학문

철학은 감정의 깊이를 알아내고 인격의 특성을 구분하는 심오한 학문이다.

재치가 필요할 때가 있고, 지혜가 필요할 때가 있다. 이 두 가지 경우를 혼동하는 사람은 어리석은 사람이다. 심각한 때에는 위트보다 정중하게 행동하는 것이 더 현명하다. 반대로, 흥분이나 기쁨만을 열망하는 사람은 아무런 위안이나 만족, 평화를 발견할 수 없다.

늘 농담만을 즐기는 사람은 인생이 농담이나 장난이 아님을 고통스럽게 깨닫게 된다. 모든 사람과 모든 사물을 비웃기만 하는 재담가는 곧 바보 취급을 당하게 된다. 농담이란, 농담으로서의 흥미를 잃어버릴 때 재담가 그 자신이 농담의 주제가 되어버리기 때문이다.

재치와 신뢰

많은 사람들은 재치 있다는 명성을 얻으려다 신뢰의 명성을 잃는다.

철 학자에게는 조금 더 배우고 덜 살 것이냐, 또는 덜 배우고 더 살 것이냐 하는 것조차도 고민거리이다. 의사들은 일을 줄이고 여가를 즐기라고 충고한다. 객관적으로 볼 때, 모두 옳기도 하고 또 모두 틀리기도 하다. 문제가 되는 중요한 점은 시간을 가치 있게 사용하는 것이다. 지루한 일에 시간을 보내는 것은 고통스럽고 무가치한 일이다.

당신의 삶에 목적과 원칙을 부여함으로써 그 질을 향상시켜야 한다. 더 본질적으로는 전문직에 종사하는 것이 좋다. 왜냐하면 그것은 훌륭한 만족을 주는 몇 개의 수단 중의 하나이기 때문이다.

레 저

때로는 쉴 때가 일하는 것보다 더 유익하다.

살면서 들을 수 있는 많은 것 중, 듣지 않는 편이 더 좋은 것도 있다. 그것은 알려지지 않은 진리의 일부를 지켜 주는 신중한 일일 수 있기 때문이다. 진리는 너무나도 자주 심하게 왜곡되어 마음에 출혈을 일으킨다. 그러나 진리를 감추는 것은 그것을 가장하는 것만큼이나 힘들다.

정의는 때로 진리가 상대적이라 판결한다. 최고의 진리도 어느 때에는 1/4의 진리, 1/2의 진리 등으로 변할 수 있는 것이다.

당신의 정직성을 변질시킬 어떤 날조나 위선을 피하기 위해서는 늘 스스로에게 신중해야 한다.

진 리

진리를 숨기는 것은
그것을 말하는 것만큼이나 어렵다.

인생이라는 게임도 그 규칙을 지킬 때 행운을 가져 올 수 있다. 그리고 그 행운을 얻는 데에도 기술이 있다. 현명한 사람에게는, 좋은 행운이란 우연히 일어나는 것이 아니며 종종 계산되고 예견되는 것 이다.

많은 사람들은 행운의 여신 집 대문 앞에서 서성 거리는 것만으로 만족하려 한다. 대조적으로, 행운의 여신 집 대문을 세게 두드리면서 들어가려는 자들도 있다. 그들은 그것 이 결국 삐걱거리는 바퀴에 기름을 치는 결과를 가져온다는 것 을 깨닫고 있는 것이다.

줄리어스 시저를 보라. 그는 그의 가능성을 인정하는 사회에서 통찰력과 근면함으로 그 행운을 좇았던 것이다.

전 진

행운을 발견했다면 용감하게 앞으로 나아가라.

인생이란 비극과 희극으로 나뉘어진 살아 있는 드라마이다. 그러므로 지상에 있는 우리는 양극단에 서 있는 것이다. 모든 행복의 천국과 악의 지옥. 우리는 선과 악의 운명을 우리네 삶 속에서 공유하고 있는 것이다. 아무도 이 변덕스러운 운명의 손이 행하는 응보를 피할 수 없다.

어떤 이가 바르게 태어났느냐 그르게 태어났느냐 하는 것은, 그 사람의 삶이 말해 주는 것이다. 그 사람의 운명이 다양하다면 그 사람의 인생도 다양할 것이다.

그러나 가장 중요한 점은, 일반적인 상식으로 인생에서의 당신의 몫을 받아들이는 것, 그리고 통찰력 있는 세련된 상식으로 행운을 만들어 소유하는 것이다.

상 황

우리의 모든 행동과 생각은
상황에 의해 결정된다.

모든 것에는 중요한 점이 한 가지씩 있다. 어떤 경우에 언제가 가장 시기 적절한가를 알아내는 것은 비밀을 캐내는 것과 같이 어려운 일이다.

그러나 현명한 사람은 언제 과수원에서 과일을 거두어들여야 하는지, 언제 열매를 따서 자본으로 만들어야 하는지를 정확히 통찰하고 있다.

나태한 사람에게 남는 것이라고는 기껏해야 둘째가 되는 것이다. 자각하라, 그리고 행동하라. 이것이 바로 세계의 현인들이 가르치는 행동과 해결의 원칙이다.

탁월함

다른 사람에게 가르칠 것이 없는 사람은
아무도 없다.

인생 그 자체에서 만족을 얻는다는 것은 참으로 위로가 된다. 그러나 이 세상에는 너무나 많은 존재들이 자신의 삶에 만족과 평화가 없는 이유조차 모르고 있다.

삶에는 참으로 잔혹한 대조가 존재한다. 도움을 받지 않아도 될 사람은 운이 좋고, 도움을 받아야 할 사람은 불운하다는 것이다. 천재들의 운명은 거의 불운으로 제한되어 있기에, 아둔하고 못난 자들의 예상치 못한 행운이 오히려 유명해지는 것이다.

운명의 신이란 예측할 수 없고 보이지도 않는다. 그래서 가치 있는 자들의 짧은 삶이 있고, 가치 없는 자들의 긴 삶이 있는 것인지도 모른다. 우리는 종종 그것을, 자주 사용하지만 깨어지지 않는 낡은 부엌 주전자와 단 한 번의 부주의로 산산조각난 귀중한 꽃병과 비교하고는 한다. 비록 상처투성이의 서글픈 노령이지만 가치 있는 자들의 삶, 그들의 삶이야말로 죽음과 운명의 신에게 잊혀진 듯 오래오래 계속되어야 한다.

더 이상의 가치

올바른 마음을 가진 사람에게는
그에게 주어진 것보다 더 가치 있는 것이 없다.

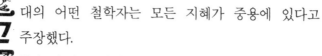

고대의 어떤 철학자는 모든 지혜가 중용에 있다고 주장했다.

좋은 음악도 지나치면 우리 귀에 소음이 되고, 어떤 행동에의 지나친 탐닉은 종종 권태가 되고 만다. 한때는 짜릿했던 흥분거리도 너무 오래 계속되면 괴로운 소모와 피로로 끝나게 된다.

지나치게 오랫동안 정신력을 소모한 사람은 그 자신을 스스로 정신적 림보가 되게 한다. 오늘을 즐기고 내일에 희망을 거는 것, 그것은 항상 미래에 참으로 많은 것을 기대하게 만든다.

*림보(limbo) : 천당과 지옥 사이의 중간 상태, 또는 감옥, 감금.

연기

내일 할 일을 남기지 않는 자는
위대한 일을 할 수 없다.

리라는 것은 참으로 골치 아픈 주제다. 진리를 알고 공정하게 발언 또는 침묵을 결정하는 데에는 기술, 영리함, 용기, 그리고 신념이 필요하다. 일단 알려진 진리는 사람들이나 사건의 흐름을 바꿔 놓을 수도 있다. 그것은 마음의 평화를 자기 분석의 문제로 뒤바꿔 놓을 수도 있는 것이다. 너무나 자주 진리는 착각을 파괴한다. 진리는 신 것을 달콤한 것으로 바꾸는 촉매제 역할도 한다.

진리를 말할 때는 최고의 개인적 확신에 따라 천천히, 그리고 확신 있게 말해야 한다. 그리고 그 말은 최고를 지향해야 한다. 현명한 사람에게는 힌트나 지나가는 말로도 충분히 진리가 전달되지만, 그렇지 않은 사람에게는 침묵만이 그 어리석은 귀에 대한 최고의 응답이다.

역사의 규칙을 기억하라. 어떤 통치자도 진리에 의해 진정된 적은 없었다. 많은 예에서처럼, 조심스럽게 말하던가 그렇지 않으면 아무것도 말하지 말아야 한다.

바 보

바보에게 상식만큼 훌륭한 만병 통치약도 없다.

의의 원칙을 가진 자들을 생각해 보라. 올바른 사람들 편에 서 있는 사람들은 매우 적다.

아, 정의여!

많은 이들이 그것을 추구하고, 또 그것을 따르고자 한다. 그러나 결정적인 문제는 '얼마나 오래', 그리고 '얼마나 많이'라는 것이다.

그릇된 사람은 헛된 형이상학만을 논하고, 그들의 위치만을 정당화한다. 신성한 원칙, 신적 원칙에 고착하는 자들, 그들이야말로 정의의 확고한 동지이며 승리자다. 그들은 옳은 편에 서 있기 때문이다.

승리자

승리자는 설명이 필요없다.

위대한 사람들은 모두 훌륭한 전략을 가지고 있었고, 회의석상에서 그들은 늘 가장 뛰어난 조언과 충고를 했다. 지혜자가 조언자였고 전략가였던 것이다. 또한, 그들은 젊은 사람에게서든지 늙은 사람에게서든지 조언과 충고를 선택하는 데 있어서 편견을 갖지 않았다.

조언을 종합한다는 것은 결정에 깊이를 더해 주고, 판단에 공정성을 가져다 준다. 조언과 충고를 택할 때는 객관적이어야 한다. 자신의 왕권을 남용했던 고대 티그라느 왕처럼 압제적인 사람이 되어서는 안 된다.

사려 깊은 조언자들을 통해 배움에 즉각적인 유익을 거둔다는 것은 참으로 총명한 일이다. 그들의 정제된 지식을 자신의 것으로 활용한다면, 당신은 델피의 권위 있는 말과도 겨룰 수 있게 될 것이다. 요컨대, 좋은 충고와 조언을 구한다면 당신은 결코 실패나 파국을 맞지 않을 것이다.

지성

지혜로운 자는 그에게 감사하는 자보다
그를 필요로 하는 자를 더 좋아한다.

**인**생의 대부분은 처음에는 참신하지만, 나중에는 폐단이 되기 마련이다. 특히 높은 위치에 있는 자들은 항상 참신해야만 그 가치를 인정받을 수 있다. 따라서 그들은 늘, 나중에 그들을 버릴지도 모르는 권력자들에게 접근함으로써 그 새로움을 유지하려 한다. 여전히 평범함은 유별남보다 더 인정을 받는 데도 불구하고, 우리들 중 최고라고 하는 이들은 유별나게 부정직한 득세를 하곤 한다.

그러므로 진정으로 가치 있는 영광에 접근하라. 우리 모두의 명성은 시간과 함께 사라진다. 헛된 명성에 연연해하지 말고 당신의 정력이 남아 있을 때 가치 있게 즐기는 것, 그것이 바로 가장 지혜로운 것이다.

모든 것에는 가장 좋은 때가 있다. 바로 지금 사람답게 살아라. 시간이 흐르면 모든 것은 사라져 버릴 것이다.

지혜와 삶

지혜 있는 자라면, 원하는 만큼 살 수 없다면
할 수 있는 만큼 살아라.

친구와 의견이 달라 서로 떨어져 있을 수는 있다. 그러나 절대로 절연하지는 말라. 심각한 다툼으로 명성이 쌓였던 사람은 없다. 오직 바보만이 의도적으로 적을 만드는 것이다. 친구가 우리에게 비록 조그마한 선(善)을 행할지는 모르지만, 모든 적은 우리에게 많은 해를 끼친다.

버려진 친구는 우리의 비밀과 약점을 알기 때문에, 적으로 변하여 기존의 적보다 더 나쁜 해를 끼칠 수 있다. 깨진 우정은 종종 심각한 후회를 낳는다. 그들은 각각 대단히 자주 하찮은 일에 대해서도 서로를 비난하게 되기 때문이다.

만약 환경 때문에 필연적으로 친구끼리 헤어져야만 한다면, 심하게 다투는 것보다는 차라리 천천히 사이가 냉각되도록 해야 한다. 후회하는 것보다는 후퇴하는 것이 훨씬 낫기 때문이다.

친 구

친구는 불행을 축소시키는 행운이며 축복이다.

우리는 인생에서 가급적이면 빨리 우리들의 운명과 진로에 대한 올바른 지침을 갖고, 우리가 할 수 있는 일과 할 수 없는 일에 대한 합리적인 전망을 가져야 한다. 우리의 목표는 너무 높아도, 너무 낮아도 안 된다. 예나 지금이나 커다란 생각을 가졌던 사람들은 아주 적은 재능이라도 가지게 되었다.

무엇이 세상을 돌아가게 하는지에 대한, 한 노령의 철학자의 답이 있다. 그것은 희망이다. 명성에 대한, 부에 대한 희망. 그러나 세월의 통행세를 냈을 때 그 꿈은 사라지고, 그 기대도 증발하고 만다.

신중함은, 최고를 희망하지만 적은 것을 기대하는 균형 잡힌 믿음을 준다. 당신이 목표를 잃었다면 하늘을 보라. 최소한 당신은, 당신의 기대에 반(反)하는 인생을 경험하면서도 균형을 잡을 수 있을 것이다. 삶의 허상과 현실을 분리해야 한다. 정신적 망상에 대한 유일한 처방약은 오직 당신 자신을 바로 이해하는 것뿐이다. 그것이 현재와 미래에 대한 현실과 몽상을 화해시키는 유일한 방법이다.

신 념

모든 바보는 온전히 믿고 온전히 설득된다.

기 자신의 성품을 가져야 한다. 그렇지 않으면 자기 파괴의 길로 들어설 것이다. 어떤 행동이 좋아보이더라도 항상 불행의 씨앗이 될 수 있다는 것을 참작해야 한다. 특히 무분별함과 부도덕적인 경우에 격정이 생기면 신중함은 사라지게 되고, 결국 우리는 파멸의 위기에 처하게 된다. 당신이 신중함을 버리고 쾌락만을 추구하는 것은 당신의 얄팍한 부끄러움 때문에 건전함을 희생시키는 것이다.

또한, 우리의 약점을 무기로 우리를 이용하려는 자들을 이겨내야 한다. 믿을 수 없는 자들에 대한 우리의 칼과 방패는 중용과 명상이다.

인생의 험하디험한 길 위에서 먼저 알아야 할 것은, 출발하기 전에 성공에 대한 확신이 있어야 한다는 것이다.

설 득

쉽게 설득되는 사람은 나중에는
자신이 확신하지 않았음을 알게 된다.

세상에 실수만큼이나 흔한 일은 없다. 그러나 어떤 실수를 하건 그것은 사적인 것이어야지, 공적인 것이 되어서는 안 된다. 현명한 사람도 작은 실수는 여러 번 한다. 그러나 결코 공적인 큰 실수를 하지는 않는다.

흔히 사람들의 화제는 잘못된 것에 쏠리기 마련이다. 천천히 가는 배에 실린 좋지 않은 소문이, 빠른 배에 실린 좋은 소식보다 훨씬 빨리 가는 것이다.

어떤 실수 하나로 당신이 지금까지 쌓아 놓은 명성이 손상되지 않도록 주의해야 한다. 쌓아 놓은 명성, 그것은 사람이 가지고 있는 가장 가치 있는 것 중 하나이기 때문이다.

정신의 생명

명성은 정신의 생명이다.
호흡이 육체의 생명이듯이.

**진**정한 리더십은 아낌 없이 주는 것이다. 속 좁은 왕자가 자신의 권력 이상의 정치를 할 수 없는 반면, 위대한 사람은 큰 스케일로 다스릴 줄 안다. 그의 주의력이 어디를 향해 있느냐에 따라 그 사람이 어떤 사람인가 하는 것이 결정된다.

당신은 중요한 문제와 중요치 않은 문제를 마구 뒤섞어 놓는가? 사소한 문제들만 가지고 결정을 내리려고 하는 자들은 그야말로 소인배인 것이다.

지도자가 모든 것을 안다는 것은 아주 중대하다. 물론 모든 것을 안다는 것이 모순이기는 하지만.

인생에서 일어나는 많은 일들은 저울 위의 먼지와 같이 의미가 없는 것이다. 그러므로 위대하고 관대한 사람은 용서하며 잊어버릴 줄 안다. 그리고 그들은 평화롭게 지낸 하루가 악몽 없는 밤을 가져다 준다는 것을 너무나도 잘 알고 있다.

난 관

쉬운 것은 어렵게 행하고 어려운 것은 쉽게 행하라.

인생을 이해하기 위해서는 먼저 자신을 잘 알아야 한다. 현명한 사람은 자기를 비평하는 데 능숙하다. 오직 객관적으로 당신을 평가하는 것만이 당신의 생활 태도를 발전시킬 수 있다. 이것은 참으로 어려운 일이다. 얼굴을 비추는 거울은 있지만 마음을 비추는 거울은 없기 때문이다.

생각이 깊은 사람은 자신에게 항상 '나는 지금 어디에 있는가? 나는 어디로 가고 있는가?'라고 자문함으로써 자신의 마음을 비평하고 탐구한다.

정기적으로 과거와 현재의 성취도, 지성의 강도, 정신력 등을 조사하는 것이 좋다. 계속 그렇게 함으로써 당신은 온전한 시각으로 당신의 인격과 가능성을 볼 수 있을 것이다. 당신은 그렇게 함으로써, 앞에 놓여 있는 인생의 긴 여로를 위한 충분한 준비를 하게 될 것이다.

앎

어떤 사람은, 다른 사람에 대한 것을 모두 알지 몰라도
자신에 대해서는 아무것도 모른다.

발 / 타 / 자 / 르 / 그 / 라 / 시 / 안   31

소한 일로 마음 상하지 말라. 운명이란 간간이 불운을 던짐으로써 우리 인생에 양념을 치듯 균형을 잡는 것이다. 무거운 짐들이 한꺼번에 오지 않는 것에 만족해야 한다.

행운과 불행은 뜻밖의 기회에 오는 것이다. 그때에는 모든 것이 행운이거나 모든 것이 불행일 수 있다. 행운이 떠나갈 때, 우리는 친구들도 카멜레온처럼 변심하여 불행한 자를 떠나 다른 자에게로 간다는 것을 고통스럽게 배우게 될 것이다.

불행은 그 자체로 절망도 가져온다. 용기와 냉정을 되찾고 이성적으로 될 때까지는 슬픈 음악조차도 우리가 하는 모든 것을 침통하게 한다. 좌절은 어디에나 있는 것이다. 그것을 알고 자신을 무장해야 한다. 신중함으로 행운을 받아들이고, 인내를 가지고 불행을 받아들여야 한다.

행복과 슬픔

행복과 슬픔에는 각각의 이익이 있다.

꿈은 스스로 꾸준히 추진하지 않으면 결코 현실로 바뀌지 않는다.

지혜 있는 자는 일찍 자신의 갈 곳을 결정한다. 일정한 목적을 갖고 경로를 결정한 후, 그 긴 여로를 위한 준비를 해야 한다. 일단 마음을 정하면 단념해서는 안 된다. 그 길에 장애물이 나타나면, 다른 길을 사용해서라도 목적과 원칙을 계속 지켜야 한다.

운명은 적응하면서 노력하는 자에게 유리한 환경을 마련해 준다. 행동에서 기교, 기교에서 다시 행동으로 옮길 수 있는 자는 반드시 그 장애물에 관계 없이 승리할 것이다.

시 작

모든 것이 쉽게 정착되지는 않는다.
그러나 시간이 흐르면 그렇지 않다.

운은 미신이나 신통력보다 훨씬 나은 현실적인 것이다. 그것은 모든 사람에게 찾아온다. 문제는 그것을 언제 잡고 어떻게 정착시키느냐에 있다. 어떤 사람이 행운으로 축복받는 반면, 어떤 사람은 불행으로 저주받는 이유가 바로 거기에 달려 있다.

운명과 행운이 어디로 가는지 그것을 누가 알겠는가. 그러나 사람들은 모두에게 똑같은 기회가 온다는 것을 알고 놀란다.

인생이라는 게임에서 운명은, 그 결정적인 때와 장소에 카드를 치며 트럼프 슈트를 고르는 것과 같다. 이제 각자는 그 운명이 하는 카드놀이를 어떻게 분석하느냐에 따라 모든 내깃돈을 가질 수도, 모두 잃어버릴 수도 있는 것이다.

당신은 당신의 가능성을 발견하여 당신의 행운에 접목시켜야 한다. 여기에 당신이 인생에서 계속 전진하느냐, 가라앉느냐가 달려 있다.

행 운

행운은 만들어질 수 있다.
그러나 모든 기회가 지혜자와 함께하는 것은 아니다.

현명한 사람은 정기적으로 자신을 변화시킨다. 이것은 하나의 전략으로, 그들의 존경과 명성을 새롭게 한다. 이것은 모두에게 상식적인 철학적 특성이다. 사람들은 늘 보던 것이나 늘 사용하던 것에는 찬양도 존경도 보내지 않는다.

지혜로운 자는 사려 깊음으로 다른 사람들이 존경할 만큼의 적당한 거리를 유지하고, 지나친 친밀감을 방지한다. 그러는 한편, 그는 늘 존경받는 곳의 중앙에 위치한다. 그는 이룰 수 없는 소망을 이룰 수 있는 소망으로 바꾸고, 욕망으로 가득 찬 사람을 신뢰감 있는 사람으로 바꾸어 놓는다.

침묵의 능력

현명한 이는 견고한 침묵의 능력을 갖고
비밀의 창고를 지킬 줄 안다.
그래서 그의 역량과 인품은 존경받는다.

립심을 가진 사람이 되어야 한다. 특별한 사정도 없이 다른 사람에게 의지하고 그 사람의 소유가 되는 것은 구걸하는 거지가 되는 것과 같다. 왜 다른 사람의 변덕의 소유가 되려 하는가. 언제쯤에야 용기를 내어 자유를 찾으려는가.

당신의 자립만큼이나 중요한 것은 다른 사람도 당신에게 의지하지 못하도록 하는 일이다. 당신에게 부하가 있다면, 그들이 스스로 배를 저어 가도록 자극하라. 당신이 진 짐만으로도 당신은 충분하다.

마지막으로 주의할 것은 교활한 친구, 즉 당신이 그 사람을 의지하도록 만들어 놓고 그것을 이용하여 당신을 조종하려는 자들을 경계하라는 것이다.

거 절

거절하는 방법을 아는 것은
승낙하는 것을 아는 것만큼이나 중요하다.

 중한 사람은 남과 자기 스스로를 돕는다. 많은 사람들이 소수 사람에게 할당되어 있는 기회에 대해 눈이 멀어 있다. 어떤 사람이 그것을 보는 반면 당신의 친구가 그것을 보지 못한다면, 과거의 어떤 일을 들추어내는 것보다는 현재의 그의 이해력을 즉시 자극해야 한다.

가장 좋은 행동은 불필요한 내일에 하는 것이 아니라, 필요한 오늘에 해야 하는 것이다.

근면과 지성은 성공의 문을 여는 도구이다. 그러나 근면이 없는 지성보다 근면이 있는 평범함이 더 많은 것을 얻을 수 있다. 탁월해지기 위해서 치러야 하는 대가는 열심히 일하는 것이다. 적게 심은 자는 적게 거둔다는 것을 명심하라.

성공의 황금률은 다른 사람이 내일 할 일을 오늘 하는 것이다. 1인치의 노력은 1마일의 계획보다 낫다. 결정적인 행동은 현재 해야 한다. 시기가 늦으면 낙오자가 되고 만다. 그러므로 지금 행동하라.

비범보다 평범을

노력하는 평범이 노력 없는 비범보다
더 많은 것을 얻는다.

인생에서 대화는 매우 일상적이지만, 대단한 주의와 수양을 요구한다. 본질적으로 마음에 있는 것이 입으로 나오기 마련이다. 어떤 이가 하는 말은 그 말하는 방법과 함께 그 사람이 인생에서 승자가 되느냐 패자가 되느냐에 상당한 영향을 준다.

편지를 쓰는 데 주의와 신중이 필요하다면, 호감 있는 대화에 있어서도 마찬가지다. 훌륭한 대화, 좋은 대화란 수다를 떠는 것과는 질이 다르다. 거기에는 목적, 원칙, 상쾌함이 있다.

"내가 아는 것을 그대들에게 말하노라."라고 말하면서 잘난 체하던 과거의 현인들이 되어서는 안 된다. 근본적으로, 말이란 그 사람의 마음과 인격을 알리는 것이다.

대 화

대화시의 신중은 웅변보다 더 중요하다.

고의 플레이어는 이기고 있을 때 게임판을 떠난다. 당신의 운명과 행운을 대할 때에도 그렇게 해야 한다. 합리적인 후퇴는 용감한 공격으로 받아들여질 것이다. 주머니가 비어 있을 때, 그 인생의 여로가 더욱 길게 느껴지므로 주머니가 가득할 때 당신의 승리를 모아두어야 한다.

영원히 달콤한 것은 없다. 기대했던 변화가 일어날 때에 행운이 존재하는 것이다. 달콤한 것도 쓴 면이 있다는 것을 받아들여야 한다.

운명의 바퀴라는 것은, 행운이 자꾸 방해를 받는 때가 행운이 가득 차는 때로 보상된다고 설명하고 있다.

도 박

실력 있는 도박꾼은
행운아 그에게 있을 때 게임을 포기한다.

 **마**음의 성숙도는, 결정하는 데 있어서의 깊이에 의해 나타난다. 누군가를 쉽게 좋아하고 미워하는 것은 자신을 속이는 것이다. 서서히 신뢰하고 서서히 불신하는 것이 가장 안전한 방법이다.

친구를 신뢰하는 것은 마음의 평화를 가져온다. 그러나 대조적으로 아무것도 믿지 않는 사람이 있다. 다른 사람에 의해 증명된 것이라 할지라도 믿지 않는 사람은 곧 그 사람도 다른 사람에게 불신받게 될 것이다.

성급한 판단은 후회를 낳는다. 그 일의 또 다른 면을 들을 때까지 판단을 늦추는 지혜가 있어야 한다. 그러면 반드시 그 신중함으로 인해 이득을 얻게 될 것이다.

믿음

마음의 성숙함은 천천히 믿는 성격에서 나타난다.

지혜로운 자는 명성을 손상시키거나 한 번의 카드 게임에 모든 재산을 거는 짓은 하지 않는다. 실패는 항상 있는 것이다. 그러나 그것은 우연히 일어나는 것이 아니다. 그러므로 기회가 당신에게 왔을 때, 그러나 위험성이 높을 때 거듭 심사 숙고하여 실패하지 않도록 침착하게 주의해야 한다.

운이 좋은 날도 있고, 불운한 날도 있는 것이다. 운명에 대해서는 고민하지 말아야 한다. 불운했던 것을 만회할 내일이 분명히 있다.

신중함이란 인내와 끈기라는 드문 특성을 가지고 있다. 비록 지금 게임에서 지더라도 신중함과 분별력을 가지고 있다면, 모든 것은 차후의 기회 포착에 달려 있음을 알아야 한다.

끈 기

끈기는 의지를 위한 것이지 마음을 위한 것은 아니다.

동적인 사람은 더 나은 목표를 성취하기 위해 인생에서 가장 결정적인 곳으로 달려간다. 가난 속에서 성숙하게 성장해 성공으로 나아간다는 것은 참으로 힘든 일이다. 어떤 사람이 과거에는 이랬고 현재는 이렇다는 등의 야만적인 비교를 받아들여야 할 때, 과거의 비참했던 추억은 너무도 정신을 괴롭히는 것이다.

"서부로 가라." "동부로 가라." 등의 오래 된 속담은 더 쉬운 개척을 하기 위한 도피자들의 변명이다. 겉치레를 좋아하는 천박한 자들은 아직도 어리석게 외국 것만을 좋아한다. 그들에게는 국경만 넘으면 조약돌 하나도 훌륭한 다이아몬드로 보이는 것이다.

목 표

과녁을 정확히 맞추기 위해 약간 위를
목표로 하는 것은 좋은 일이다.
그러나 너무 위로 하여 과녁을 빗나가지 않도록 하라.

우리 자신에 관하여

평화롭게 살고 장수하기 위해서는 생활의 계율을 지켜야 한다. 정의로우면서도 평화로운 생활을 하는 사람은 삶만을 영위하는 것이 아니라, 그 존재와 환경까지도 지배한다.

신중하게 들을 줄 알고 보고 침묵할 줄 아는 사람만이 고통 없이 하루를 보내고, 악몽이 없는 밤을 지낼 수 있다.

만족스러운 인생을 보내기 위해서는 두 가지가 필요하다. 즉, 자신의 삶의 뜰에 평화를 유지하고 그곳에서 자신의 결실을 거두는 것이다. 자신의 뜰은 태만히 하고 다른 사람의 골치 아픈 뜰만을 염려하는 것은 정말 우매한 짓이다.

가장된 무지

가장 위대한 지혜는 무지 또는
그것을 가장하는 것으로 이루어져 있다.

을 영위하는 데에도 기술이 있다. 깊이 인식될 수 있는 삶이란 뛰는 말처럼 빨리 사는 것이 아니라, 산보하듯이 여행하는 것이어야 한다. 인생의 기쁨과 고통을 어떻게 규정하고 조합시키는가를 아는 것이 바로 인생을 이해하는 것이다.

많은 사람들은 너무 빠른 보폭으로 살기 때문에 그들의 존재를 허비하고 만다. 목적 없이 내일을 향해 뛰는 것은 권태와 고통만을 준다. 다른 사람들이 수십 년 걸려 할 일을 몇 년만에 다른 사람을 제치고 해내는 것은 인생의 참가치를 반영하고 즐기는 데에서 자신을 속이는 것이다.

배움에 있어서도, 완수하지 못한 특정한 주제를 남겨 두는 것이 좋다. 지나치게 만족하려는 사람은 결코 만족할 수 없다. 인생에서는 오락보다는 땀을 흘릴 때가 더 많다. 그러므로 천천히 즐기고 일은 신속하게 하라.

삶의 기술

즐거움은 천천히 누리고 일은 빨리 해야 한다.

 내심과 평화로운 마음을 가져야 한다. 불행하게도 우리는 나이가 들면서 세상의 일에는 지혜로워지 면서도 우리 자신에 대해서는 바보처럼 인내심이 없어져 간다.

물론 어렵지만 속상한 일에도 마음을 열고, 참을 수 없는 일도 참아야 한다. 학교도 자제심을 가지 고 참석하는 것이 평화를 얻는 첫걸음이 된다.

당신이 인내심이 없는 사람을 보았다면, 그것은 원칙과 정의도 없는 사람을 본 것이다.

인생의 규칙

인생의 첫번째 위대한 규칙은 견디는 것, 인내하는 것이다.

성공하는 인생의 비결은 자족하는 것이다. 재산으로 당신의 책임을 무마하려는 것은 미성숙하고 부도덕한 짓이다. 물론 운을 볼 수 있는 지성이나, 그 것을 좇을 수 있는 근면이 없어 생애의 여러 기회를 놓치는 사람도 있다.

인생이란 상호 호혜주의를 가지고 있다. 하나를 잃으면 또 다른 하나가 그에게 돌아가는 것이다. 가능성을 가지고 인생의 한 계단 한 계단을 차근차근 진행시켜 나가야 한다. 그러면 그 길의 끝에 다달았을 때 자족하며 편안히 눕게 될 것이다.

자 족

느긋함이 서두르는 것보다 낫다.

당신 자신만의 매력을 소유하라. 그것은 침묵의 쇼맨십의 한 형태이다. 사람을 기쁘게 하는 것은 다른 사람을 당신에게로 이끄는 마법의 돌과 같다. 재능만으로는 발전할 수 없다. 재능 위에 매력적인, 호감을 주는 인성이라는 옷을 입혀야 한다.

훌륭한 세일즈맨은 상품을 팔기 전에 언제나 자신을 먼저 판다.

매 력

순간적으로 필요한 것을 줄 수 있는 마음은
위대한 선물 중의 하나이다.

발 / 타 / 자 / 르 / 그 / 라 / 시 / 안   49

쟁을 피하는 데에도 기술이 필요하다. 새로운 사람을 끌어들이면 문제는 더욱 복잡해진다.

본질적으로 논쟁은 의도적이든지 그렇지 않든지 둘 중 하나다. 의도적이라면 여우처럼 처리하고, 그것이 아니라면 바보처럼 행하면 된다.

다른 사람에게 이야기할 때는 논의가 비합의가 되지 않도록 특별한 주의를 기울여야 한다.

다투는 사람들을 주의해서 보면, 그들은 마음의 문을 닫은 사람들이라는 것을 알 수 있다. 그들의 유일한 방어는 문에 조심스럽게 열쇠를 그대로 두는 것이다.

승 리

모든 승리는 증오를 낳는다.

각 행동으로 옮기는 자가 되어야 한다. 어리석은 잠을 자는 것이 아니라 재치 있는 출발을 함으로써, 우매자가 아닌 행동가가 되어야 한다. 다른 사람들이 믿을 수 있는 기민함을 길러야 한다. 당신 행동의 즉각성은 당신에게 유익이 되는 결과를 가져온다. 문제가 있어 다른 사람이 중단한 곳에서 시작하여 그것을 해내는 사람이 행동가, 강력한 행동가인 것이다.

부하 직원들은 지각력과 지도력 있는 상사에 의해 강한 행동가가 된다. 좋은 경영력을 가진 지각력만이 그룹을 계도하는 것이다. 결정적인 행동이 필요할 때 지도자는 눈을 부릅떠야 한다. 승리하려는 지도자는 즉각적인 행동을 한다. 구차한 염려는 차치하고 지금 행동하는 것이다.

행운의 어머니

민첩은 행운의 어머니이다.
아무 일도 내일로 미루지 않는 자가 많은 일을 한다.

명함으로 흠없는 자신을 유지해야 한다. 흠없이 태어나는 사람은 거의 없다. 사람은 누구나 정신적으로 육체적으로 불완전하다. 그러나 조금만 노력하면 근절시킬 수 있는 명백한 잘못을 그냥 방관하는 것은 잘못이다.

우선 자신을 속이지 말아야 한다. 다른 사람은 우리의 아주 작은 실수 하나도 그 예리한 눈으로 탐색하고 있다. 왜 우리의 명성에 어두운 그림자가 드리우는 것을 허락하는가? 좋지 않은 의상을 화려한 장식품으로 치장하는 것은 조그만 노력만 있으면 된다. 하찮은 월계수로 머리를 꾸민 시저도 역사를 창조하지 않았는가.

실 수

하나의 실수가 성실했던 전체 명성을 파괴한다.

콤한 말과 유쾌한 매너로 부드럽게 판매하는 기술을 가져야 한다. 위대한 판매인은 그의 판매 방법도 위대하다.

아첨의 말을 멀리하는 데 있어서 면역된 사람은 아무도 없다. 인생의 대부분은 확신시키는 대화에 의해 팔리거나 파는 것으로 채워져 있다. 이것을 인식하여 말을 단련시키는 것이 모두에게 당면한 과제이다.

적을 대할 때, 지혜로운 말은 중상을 입힐 수 있는 창에 대한 방패가 된다. 그 적은 또, 당신의 실크 같은 부드러운 말의 적절한 접근으로 구부러질 것이다. 그러므로 더욱 친절해져야 한다. 스스로 부드럽고 친절해지도록 노력해야 한다.

정치적 요술

공손은 위대한 인물의 정치적 요술이다.

우리는 인간이기에 조그만 잘못들을 방관한다. 우리의 연약함은 자발적이거나 혹은 비자발적이다. 우리 대부분은 과실 혹은 태만에 대한 계획과 욕망을 가지고 있고, 또 가진 자를 기쁘게 하려는 약점이 있다.

인생의 큰 어려움은 인간이 피할 수 있는 것에 대한 애착을 가지고 있다는 것이다.

우리의 정열이 우리를 기쁘게 하고, 또 적어도 다른 사람을 즐겁게 한다는 것은 설명할 필요도 없는 일반적인 것이다.

인생의 길은 두 가지 방향을 가지고 있다. 하나는 오르막길, 또 하나는 내리막길. 자기 굴욕과 천박의 그늘에서 벗어나 자기 자체의 빛으로 들어가야 한다.

일 상

항상 누군가가 나를 보고 있다고 생각하고, 행동하라.

떤 세대이건 일반적으로 뛰어난 사람은 독특한 시대의 독특한 산물이다. 시저와 같은 위인은, 상황이 그를 위해 조정되었다. 즉, 그는 역사적 상황에 의해 만들어진 것이다.

인생에서의 적소를 발견할 수 있는 사람은 극히 드물다. 사실, 우리는 천성이나 잠재력의 포로들이다. 그리고 대부분은 우리 시대에 잘못 맞춰져 있다. 좋은 것과 나쁜 것은 모두 시간의 주제이며, 인간 역사의 대열에서 각각의 등급을 가지고 있다.

철학자와 예술가는 역사의 총애를 받는 소수의 무리다. 그들의 주제가 영원하였으므로 그들도 역사 속에서 영원한 것이다.

유행을 타는 지식

지식조차도 시대에 맞는 것이어야 한다.
그렇지 않으면 지식이 있어도 무지한 자가 된다.

대화를 할 때는 감정 표현을 적절히 첨가해야 한다. 그것은 매력적일 뿐만 아니라, 상대에게 확신을 준다. 생각은 잘하되 말은 나쁘게 하는 사람이 많다. 매끈하게 말하지 않음으로 해서 좋은 것을 말하기 전에 모두 질식시킨다. 대조적으로, 교회종처럼 메아리는 크지만 속이 빈 사람들이 있다.

위대한 사람은 잘 생각하고, 잘 말한다. 위대하다고 불리는 범주에 드는 사람들은 의지와 결단력, 결정적인 사고력을 가지고 있다. 그러나 속이 빈 채로 떠드는 허깨비 같은 인간들은 순간적으로는 화려해 보이지만, 역사와 관중은 결국 그들을 외면하고 만다.

말

말로 하는 설명만으로 자신을 알리려 하지 말라.

든 행동은 의식적이지 않고 자연스러운 것이 제일 좋다. 형식을 차리는 왕족이나, 한때 의식주의파로 유명했던 이들도 서서히 그 잠에서 깨어나고 있다. 의식을 행하는 자는 권태와 구태의연함을 소유하게 된다. 신중한 자들을 막고 자기 스타일만을 고집하는 위선적인 자들이 가지고 있는 것이 바보의 얼굴이다.

자중심(自重心)은 참으로 좋은 성품이다. 그러나 형식을 좋아하는 자들은 위선적인 멋쟁이의 성품만을 가지고 있다. 그들은 품위가 없는 가면극의 주인공을 닮았다.

스페인의 소액 화폐 피카윤에 대해서만 숙고하는 자들은 자기가 만든 그 작은 세상에서 벗어나지 못한 채 영원히 살 것이다.

가 면

형식을 너무 차리는 자들은 가면을 쓴 위선자들이다.

자기 분석에는 대리(代理)가 있을 수 없다. 그것은 마음의 약이다. 이 세상에는 반쪽 지혜자와 완전 지혜자, 다른 사람들이 바보라고 생각하는 사람과 그렇지 않은 사람이 있다.

잊어버려도 되는 것은 가장 잘 기억된다. 기억은 통제하기 어려운 마음의 수렁과도 같다. 필요할 때는 피해 가고, 필요하지 않을 때는 나타난다. 기억을 정복하는 것, 그것이 과거의 고통을 최소화하는 지름길이다. 그런 생각을 온화하게 할 수 있는 능력이 자기 만족과 마음의 평화를 가져다 준다.

망 각

최고의 것은 쉽게 잊혀진다.

지혜자는 절대로 다른 사람의 고통에 간섭하지 않는다. 오늘 불행에 빠져 도움을 필요로 하는 사람은 어제 행복했던 자들이고, 그들은 언젠가 또다시 행복해진다. 그것이 운명의 무서운 계획이다.

도움의 손은 도움을 받을 만한 가치 있는 자들에게 뻗쳐야 한다.

냉정한 확신을 가지고, 타인의 짐을 같이 지려고 하지 말라. 그렇지 않으면 그들은 인내심을 잃게 되고, 당신은 당신의 절망이 아니라 그들의 절망에 함께 던져지게 될 것이다.

은 총

너무 과중한 은총은 베풀지 말라.
그들은 그것을 갚지 못할 뿐더러,
차라리 적대자가 되기를 바랄 수 있다.

행동하는 자, 결정한 즉시 행동하는 자는 그 직관력으로 기회를 잡게 된다. 일을 추진할 때에는 당신의 직관력에 귀를 기울이고 통찰력을 증대시켜야 한다. 처음부터 보류를 일삼는 자는 결국에는 파멸을 맞게 된다. 지혜는 그 개연성을 좋아하지만, 어리석음은 그 기대만을 선호한다.

기회의 문에는 '예'와 '아니오'라고 적혀져 있지 않다. 실패에 대한 두려움으로 가득 찬 이곳에서 어떻게 하면 승리를 거둘 것인가. 신중한 자들은 성공의 가능성이 호의적일 때 그들의 계획을 실행한다.

현자와 우자

현명한 사람은 곧 하고, 바보는 마지막에 한다.

정직함을 계발하라. 교활하여 두려움을 받는 것보다 정직하여 존경을 받는 것이 훨씬 좋다. 정직함은 위선자가 아닌 신중한 사람들의 표다. 그러한 곧은 성품은 어리석은 단순함에서 성장하지 않는다. 위선자들이 약삭빠르기만 한 데 비해, 총명한 자들은 교활하지 않고 정의롭다. 정직하지 못한 사기꾼보다 때때로 속기는 하지만 정직한 자들이 되어야 한다.

명예로운 사람의 존경받는 명성은 신뢰를 불어넣는다. 비록 그 신뢰는 모두에게 시기를 받기도 하지만 얼마나 값진 것인가. 존경을 유지하는 정도(正道)는 당신의 천박함이 아니라 당신의 장점을 관철하는 것이다.

만약 당신이 당신의 행동에 근면이나 지성만을 종속시킨다면 당신의 번창의 길은 짧을 것이다. 비록 당신의 인생의 길이 바르더라도 교활함과 무정함이 있다면 바르지 않은 것이다. 만약 너무 거세게 추진한다면 당신이 가지고 있는 오점이 드러나 존경을 잃어버리게 된다. 다른 사람과는 중용을 택하고 자신에게는 원숙함을 추구할 때 성공으로 가게 된다.

속는 자의 미덕

속는 자가 항상 어리석은 것은 아니다.
어느 때에는 미덕이 된다.

농담을 주고받는 데에도 기술이 필요하다. 잘못해서 어려움을 자초해 웃음거리가 되거나, 다른 이를 화나게 하는 것을 피하기 위해 각별히 주의해야 한다. 그렇게 해서 다른 사람에게 생기를 주어야지 당혹하게 해서는 안 된다.

신사처럼 농담을 받아들일 줄 알아야 한다. 불평 없이 웃음으로 받아들인다면 당신은 더욱더 좋은 사람이 될 것이다.

어리석고 가벼운 말 한마디는 다른 사람에게 해를 끼친다. 당신이 어느 정도의 농담을 감당할 수 있는지를 알고 그 기술과 감각을 갖추기 전에는 농담을 하지 않는 것이 좋다.

구 름

하나의 구름으로도 전체 태양을 가리는 데 충분하다.

지혜로움이 지나치면 지나친 결과를 낳는다. 교묘함보다 지각 있는 사람이 되는 것이 중요하다. 너무 예리한 사람은 현재가 아니라 나중에라도 공격받는 사람에 의해서 무너지게 된다. 상식적인 접근만이 수용될 수 있는 것이다.

당신이 두뇌를 가지고 있다면 다른 사람의 소문을 유포하는 것을 자제해야 한다. 그렇지 않으면 당신에 대한 존경이 분노로 변할 것이다.

비 범

비범은 항상 미움을 받는다.

당신의 슬픔을 함께 나눌 수 있는 강인한 사람을 찾아라. 무지한 자만이 인생의 그 길고 외로운 길에서 홀로 위험에 빠지는 것이다.

자기만의 독특함을 가지고 있는 사람은 변덕스러운 운명의 손에 닿지 않을 것이라 확신했다. 그들은 홀로 걸어가기로 결정했다. 그러나 그들은 앞서 가서 실패했던 고집스러운 사람들의 실수를 너무도 쉽게 망각한 바보들이 아니었던가!

고통의 때에, 당신 곁에서 조용히 당신의 짐과 큰 실패를 어루만져 주는 사람은 마음의 약과 같다. 왜, 과중한 짐을 홀로 지려 하는가!

돌이킬 수 없는 재앙에 부딪쳐서야 다른 사람을 상담가로 부르고, 고통의 구덩이에서 건져 주기를 바라는 것은 이미 늦은 일이다.

고 독

홀로 사는 사람은 동물과 같다.

당신이 지니고 있는 선천적인 환상이나 공상력의 고삐를 늦추어서는 안 된다. 그것은 조절되지 않으면 저주가 된다. 맘껏 달아나는 상상력을 지배하는 기술은 자기 단련의 하나다. 고삐나 재갈 같은 마구(馬具)들로 그것을 바로잡고, 때로는 그것을 구부러뜨리면서 통제를 해야 한다.

상상력은 우리 인생에 위험한 영향을 준다. 그렇기 때문에 우리는 우리 자신을 지배하고, 때로는 폭군처럼 스스로를 압제해야 한다.

상상력은 사실, 창조해 낸 사고를 만족시키느냐 만족시키지 못하느냐에 따라 기쁨이 될 수도 슬픔이 될 수도 있다. 우리 마음에 만들어진 잔상은 꿈과 욕망에 의해 어떤 이에게는 영감을 주지만 어떤 이에게는 타성을 준다.

분 별

현자는, 분별력의 길잡이는
마음을 조종하는 데 있음을 안다.

재치 있는 사람이 되어야 한다. 외교적인 사람, 즉 자신이 원하는 대로가 아니라 다른 사람이 원하는 방법으로 이야기하는 기술을 배워야 한다. 우리 중 최고라고 하는 자들은 모두 다른 사람의 의견을 중요시한다. 재치와 기지는 사람들의 관점을 객관적이고 타당성 있는 것으로 바꿀 수 있다.

최소한 어떤 것에든지 만족한다는 것은 성공한다는 것과 별반 차이가 없다. 정중함과 친절은 다른 사람이 당신에게 호감을 갖도록 하는 값비싼 선물이다. 오늘의 친절한 관용은 내일의 큰 은총으로 되돌아온다.

친절의 가치

누군가에게 친절을 베푸는 것은
비용은 얼마 안 들지 몰라도 커다란 도움을 준다.

력적인 카멜레온이 되어라. 그것은 모든 외관상의 필수 요소다. 당신의 재능·화법·사고에 기술을 더해야 한다.

매력은 사람들의 마음의 문을 연다. 그것은 무장하지 않은 개성이며, 미소와 어우러져 다른 사람들과의 관계를 완벽으로 이끈다.

매력이 없으면 사람은 조잡해진다. 매력은 뜻밖의 불안에도 우리를 지켜 주고, 한 개인을 완벽하게 컨트롤해 주며, 더 나아가 우리 모두를 컨트롤한다.

성공술

사람은 한 가지 것만을 의지하거나,
한 가지 근원만을 신뢰해서는 안 된다.

마음을 컨트롤하기 위해서는 열정을 조절해야 한다. 충동을 제어하고 우리의 운명에 인도를 베풀어야 한다.

가장 위대한 승리는 자신에 대한 승리이다. 우리들 마음의 집에 충동이 들어오면 이성은 나가 버린다.

비논리적인 공격을 일으키는 잠재적인 열정을 최소화함으로써 당신의 슬픔을 극소화해야 한다.

최상의 황금률

자기를 극복하고 충동을 이기는 것, 그것보다 더 최상의 **황금률**은 없다.

각력을 키워야 한다. 현자는 실용적인 것, 원칙적인 것, 철학적인 것을 배우기를 그치지 않는다.

사람이나 사물을 평가할 수 있는 것이 지혜의 핵심이다. 모든 것의 선악을 분석하고 분류하는 방법을 아는 것도 기술이다.

항상 승리하는 후보를 가졌던 슬기로운 정치가를 주목하라. 그는 강한 지각력을 가진 살아 있는 증거이다.

지각

지각 없는 지식은 정말 어리석은 것이다.

당신은 상사보다 더 인정받으려 해서는 안 된다. 그 것은 승리처럼 보이나, 어리석고 치명적인 종말을 앞당긴다. 윗사람의 시기를 받는 것은 인간 세계만의 일이다. 그러나 현명한 부하는, 그 연극에 맞게 연기하는 배우처럼, 상사와 비교될 때 자신의 능력을 감춘다.

흔히 상사는 부하보다 지성에 있어서가 아니라 행운이나 사랑에 있어서 낮은 위치에 있다. 상사의 그 겉치레의 지혜는 그만의 견고하고 타협하지 않는 성이다. 그것이 옳든 그르든지 간에 자신의 지혜를 타협치 않고 상사의 권위를 무너뜨려서는 안 된다. 이런 모습은 태양의 빛을 능가하지 않으면서도 늘 빛나는 밤하늘의 별과 같은 것이다.

상 관

상관을 이기려 하지 말라.
그는 네가 앞지르는 것을 허락하지 않을 것이다.

지나치지 않게 인간다운 모습을 유지해야 한다. 당신은 머리를 늘어뜨리지 않음으로써 품위를 지켜야 한다. 순간적인 지혜롭지 못한 행동이 당신이 받고 있는 존경을 없앤다. 경솔함과 명성은 물과 기름처럼 섞이지 않는다.

머리 하나에 모자 둘을 쓸 수 없듯이, 어느 누구도 지각이 없으면서 동시에 진지할 수는 없다. 오랜 인생을 살고도 아무것도 배우지 못했다면 그 이상의 바보는 세상에 더 없을 것이다.

분주함

바쁜 체하는 자는
실제로는 매우 적은 일을 하고 있다.

친구가 우매한 자임을 알았다면, 그를 중병자처럼 멀리해야 한다. 최고의 어리석음은 어리석은 친구를 인정하는 것이다. 많은 사람들은 그런 사람들을 함께 저버린다.

경솔한 자들은 쓸모없는 친구들이다. 그들의 정신적 어눌함은 역사에 빛나며, 그 행동은 서커스단의 왕관과 같다. 그들에게는 서로 비밀이 거의 없다. 그들은 그들 자신의 것이 없다는 것 때문에 각자의 명성에 도움이 되지 못한다.

그러나 그들은 실제적인 도움은 안 되지만, 그들의 불행이 지혜자들에게 경고가 되므로 철학적 가치가 있다고 할 수 있겠다.

어리석은 우정

당신을 어둠에 던지는 자와 사귀지 말라.

혜로운 자의 솔직과 우매한 자의 경신(輕信)을 혼동해서는 안 된다.

우리는 때로 솔직한 자를 어리석다고 평가한다. 사실 솔직하고 정적인 사람이 잘 속기 마련이다. 그러나 그런 사람도 같은 실수를 되풀이하지는 않는다. 자기 방어의 사람들, 정력적인 사람들은 자신의 빈틈없는 성격을 이용해, 교활함으로 위기에 빠뜨리려는 술책을 분석하고 미리 방어한다.

이치적이고 합리적인 사람이 되도록 하되, 순진하다고 불릴 정도로 유순한 사람이 되어서는 안 된다.

죽음의 차이

지혜자는 그의 이성을 잃은 후에 죽고,
우매자는 그것을 발견하기 전에 죽는다.

 은 재주가 있는 사람, 그는 많은 수단이 있는 사람이다. 그는 하나의 기회에 두 개의 화살을 쏠 수 있다. 단지 한 명의 친구, 하나의 재주, 하나의 수단만을 가지고 있는 사람은 이 세상과 담을 쌓은 사람이다. 그는 폐쇄적이며, 따라서 폐쇄적인 이해를 가지고 있다.

인생의 하층을 예민하게 이해하는 자들은, 미래의 불행을 대비하여 지혜롭게 그들의 자산을 배가시키려고 노력한다.

능 력

위대한 능력은 모든 새로운 임무에 의해
점진적으로 계발되고 알려지는 것이다.

순간적인 감정을 극소화함으로써 변덕의 노예가 되는 것을 피해야 한다.

결정하기 전에, 현명한 자는 잘 듣고 관찰하고 추리한다. 깊이 숙고한 자는 가벼운 마음으로 실행할 수 있다. 그러므로 순간순간마다 깊은 반성을 하라.

충동이 감정을 조성하고 정신적 압박을 해오면, 신중하지 않은 '예'와 조심성 없는 '아니오'의 양극단에서 중립 지역에 있는 마음을 주시해야 한다.

자신을 아는 것과 자신을 컨트롤한다는 것은 자기 향상에 있어 첫째 요소이다. 찬바람과 뜨거운 바람같이 양극단의 결정이나 마음가짐에서 감정에 동요를 겪는 사람은, 항상 히말라야 산을 오르는 것과 같은 위험을 안고 산다. 감정의 과다 개입은 상식적 판단의 질서를 파괴하고 삶의 목적을 쇠퇴시킨다.

결정

사람들은 '예' '아니오'라고 빨리 말한다.
그러나 그렇게 말하기 전에 엄청난 양의 사고가 있어야 한다.

정한 증거도 없으면서 누군가를 제멋대로 싫어하는 것은 우리 모두의 악습이다. 증오의 고삐는 꽉 잡아당겨야 한다. 그렇지 않으면 당신이 타고 있는 말은 파멸의 늪으로 달려갈 것이다.

비난하기보다 동정으로 바라보는 것은 정말 선한 지각력이다. 우리의 이해력을 고양시키는 것, 그것은 마음에 약이 된다.

선 악

완전한 선으로부터 악하게 되지 말라──
즉, 노하지 않음으로써.

고집스럽게 자신의 의견만을 관철시키려 해서는 안 된다. 우매한 자는 영원히 자신의 생각을 변동시키지 않는다. 어떤 판단이나 결정이 자신에게는 받아들일 수 없는 것이라 할지라도 언젠가는 결국 그것으로 판정된다.

융통성이란 세상 처세의 으뜸이다. 흐르는 물을 보라. 계곡을 만나면 폭포가 되고, 평지를 만나면 온화한 시냇물이 되며, 바다를 만나면 조용히 거기에 합류한다.

자신의 중심을 흐트러뜨리지 않으면서 다른 사람과의 온정 넘치는 분위기를 유도하는 것은 세상 사는 재미의 하나이다. 그러나 분노해야 할 때는 있다. 불의에 맞설 때, 불공평에 부딪칠 때 우리는 갈등하고 격노하고 항의해야 한다. 그것이 삶의 본질을 지키는 길이다.

참지혜

지혜자는 스스로를 지혜롭다고 생각하지 않는다.

서둘러 행동하는 자는 항상 자신을 다친다. 마음에 열정이 들어오면 이성은 떠난다. 따라서 합리적이지 못한 사람은 재치 있게 행동할 수도 없다.

분노할 때에도 다른 사람의 입장에서 중립적인 관점을 취하려 애써야 한다. 분노한 사람은 순간적인 감정으로 눈이 가려져 있다. 항상, 측면에 있는 사람이 참여자보다 사건에 더 나은 관점으로 접근할 수 있다.

감정이 폭발할 때에는 소동을 일으키기 전에 일단 마음을 후퇴시켜야 한다. 그렇지 않으면 당신의 성급함을 후회하게 될 것이다.

중 용

분노하면 자신과 남의 장점을 볼 수 없다.

당신은 남의 소문을 만드는 가게의 주인이어서는 안 된다. 다른 사람의 수치를 퍼뜨리는 자는 자신을 부끄럽게 하는 것이다. 다른 사람의 소문 뒤에 자신의 잘못을 숨기는 것은 오직 바보에게만 위안이 되는 것이다. 다른 사람의 죄책감을 즐김으로 자신의 악취를 달콤하게 하려는 것 역시 우매한 짓이다. 남의 거짓 소문을 퍼뜨리는 자의 혀는 철저히 외면되어야 한다.

동정심 있는 지혜자는 남의 소문이나 이야기하며 귀중한 인생을 허비하지는 않는다.

수 다

적게 생각하는 자가 많이 말한다.

기 있는 판단력은 위대하다. 이 기질은, 불멸의 시
저처럼 불후하므로 영원하다. 지혜는 판단을 만드
는 지식이다. 인생의 복잡한 비밀을 풀 수 있는 이
판단력이 없는 세상은 빛이 없는 세상과 같다.
사람의 손이 그 눈의 인도를 필요로 하듯, 판단은
용기를 필요로 한다.

허무한 지식

용기 없는 지식은 허무한 것이다.

다른 사람들은 당신이 어려울 때의 신경의 민감함을 보고서 당신의 용기를 추정한다. 당신의 용기가 허둥댈 때에 방어력은 저하되며, 그럼으로써 당신은 비열한 길을 걷게 된다. 강하게 서야 한다. 당신이 1/4을 항복하면 절반을 잃게 되고, 결국에는 전부를 잃게 된다. 당신의 마음에 용기를 조합시켜야 한다. 그러면 두 겹의 방어 무기를 갖추게 되는 것이다.

지위는 높지만 용기는 없는 장군은 지면으로만 군대를 지휘할 뿐이다. 그 연약한 군대는 패배하고 분쟁은 심화된다. 벌과 같이, 달콤한 꿀과 톡 쏘는 침을 함께 지닐 줄 알아야 한다.

대적자

다친 손가락을 보이지 말라.
모든 것이 그것을 향해 날아오므로.

**모**든 일에 대담해야 한다. 그것은 기본적으로, 우리가 다른 사람에게 갖고 있을지 모를 과장된 생각을 완화시켜 준다.

지위와 권력은 공식적이고 분명한 상위자에게 주어진다. 그러나 아주 드물게는 실제 능력에 따라 주어진다. 실제 능력을 제대로 발휘하기 위해서는 대담성이 중요하다.

상상력은 위대해 보이는 환상을 만들어 낸다. 그러나 실제 위대한 사람은 환상을 깨고 현실과 부딪치는 사람이다.

모든 인간은 정신과 마음에 있어 연약하다. 그래서 환상으로만 성공과 위대함을 좇고 대담성을 가지고 돌진하려 하지 않는다. 그러나 교육받은 지각력은 대담성을 부추겨 실제로 뛰어들게 만든다. 대담성과 용기는 야망의 팔이다. 그것을 잘 사용하고 지켜야 한다.

욕 망

바라는 것이 없다면 두려워할 것만 남았다.

당신 자신의 말에 애착을 갖지 말라. 그렇지 않으면 당신은 듣는 자가 되는 훌륭한 기회를 놓치게 된다. 자신의 말만으로 자족하는 자는 청중을 분개하게 만든다. 어떤 성숙한 자가, 말하는 동시에 자신을 살필 수 있겠는가?

지각 없는 자는 바람과도 경쟁하기 위해 목초지에서 메아리를 내며 말한다.

현자는 개성에 소금을 침으로써 사교성을 증진시킨다. 당신도 그렇게 맛을 내라. 한 가지 주제에 대해 마구 얘기하는 수다쟁이는 지루하며 그 맛을 떨어뜨린다.

나를 격려하고 남을 격려하여 매력적인 개성을 증진시켜야 한다. 당신이 아무리 훌륭한 인격과 성격을 갖추었어도 다른 사람이 당신을 멀리한다면 인생의 깊은 맛은 떨어질 것이다. 그래서 성숙한 사람은 지루하게 인정받는 것을 피한다.

타인에 대한 열중

홀로 지혜로운 것보다
타인에게 열중하여 어울리는 것이 더 소중하다.

당신의 학습은 평형을 이루어야 한다. 지나치게 학구적으로 되거나, 또 지나치게 실제적이고 현실적으로 되는 것을 막아야 한다. 지나치게 책을 좋아하면 당신의 머리 속에는 현실 감각이 들어갈 틈이 없어진다.

인생에는 한 쪽 면만 있는 것이 아니다. 과다한 교육은 어떻게 일상을 꾸려 나가느냐를 간과해 생활의 절름발이를 만든다.

철학자는 원칙적일 수 있다. 하지만 현실적이지는 않다. 사실, 그들은 잔인한 상인을 만들 수도 있다. 너무 멀리 보려는 자는, 가까운 곳의 문제와 기쁨을 공유하며 삶을 즐길 수 없다.

지각력의 중요한 부분은 실용적으로 되는 것이다. 어떤 이가 돈 버는 방법을 모른다면 교육이 무슨 소용 있겠는가?

교 육

심각하게 가르치는 것보다
재치 있게 가르치는 것이 더 좋다.

다른 사람의 대화의 의도를 알아내는 기술을 배워라. 항상 주의만 기울이면 다른 사람의 의도는 알아낼 수 있다.

어떤 사람들은 서툰 짐작으로 긍정을 부정으로, 부정을 긍정으로 오인한다.

깊은 바다와 같은 사람의 심중을 알아내기 위해서는 잘 계획된 질문, 화제에 대한 조예, 그리고 깊은 이해심이 필요하다.

나이에 따른 의지

20세의 의지는 명령에 있고,
30세의 의지는 지성에, 40세에는 판단에 있다.

무식한 체하는 것도 값을 치러야 한다. 사실 이것은 소크라테스식 아이러니다. 무식한 자의 역할이 모든 사람의 가장 지혜로운 역할일 때가 있다.

이 세상에 다양하게 얽혀 있는 수많은 인격들이 조화롭게 살기 위해서는 반드시 이기기 위해서 살아서는 안 된다. 모르는 체하는 것이 장래의 비약에 도움이 된다면 기꺼이 그렇게 해야 한다.

이 세상에는 너무 잘난 체하여 시기받고 견제당하는 사람이 너무도 많다. 다른 사람과의 화합을 위해서는 자신의 지식을 지나치게 내세우지 말아야 한다.

광 기

혼자 현명한 것보다는
세상 사람들과 같이 미치는 것이 낫다.

현실주의자는 인생에서 그가 원하는 것이 무엇인가를 정확히 알고 있다. 그러나 대조적으로 비현실적인 사람은 그가 원하는 것이 무엇인가는 알지 모르지만, 무엇이 그를 방해하고 있는지는 모른다.

이 세상에서 무엇을 잃고 무엇을 얻었는가 하는 것은, 그의 인격에 무슨 손실과 이득이 있었는가를 두고 판단해야 한다. 좋은 인격은 평생의 기쁨이 되지만, 재산은 평생의 불행이 될 수도 있는 것이다.

자아 성찰

자신을 아는 사람은 어떻게 자신의 약함을 강하게 할지 안다. 그리고 그 지혜자는 자신의 길을 가로막는 모든 것을 정복한다.

형식이 아니라 본질을 가지고 있는 사람이 되어라. 확신이 있는 자들은 형식적인 자들에게 타협하지 않는다. 어떤 자들은 기만적이고, 어떤 자들은 신사적이다. 어떤 자들은 현명하고, 어떤 자들은 우매하다. 형식적인 자들, 속임수를 쓰는 사람들은 모래로 쌓은 집 같아서 비가 오면 쉽게 무너지고 만다. 하나의 기만은 다른 사람의 기만에 의해 성장하고, 곧 모든 기만은 거대한, 불가능한, 믿을 수 없는 거짓말이 된다.

속이는 자들은 항상 의심을 받을 수밖에 없다. 그들은 믿기엔 너무나 많은 말을 하고, 실천하기엔 너무 많은 약속을 하기 때문이다.

기 만

어떤 사람들은 속이지 않음으로써 속인다.

타인에 관하여

많은 약속이 있다. 어떤 것은 보증의 효과가 있지만, 어떤 것은 사기의 냄새가 난다. 전자는 신뢰성이 있는 것이고, 후자는 가증한 것이다. 우매한 자는 정중한 약속이라면 무조건 믿곤 한다.

교활한 사기꾼들은 솔솔 부는 바람과 같은 말로 의심받지 않는 확신을 얻어내어 일을 추진한다. 모든 것을 약속한다는 것은 아무것도 약속하지 않는 것이며, 사실상 신뢰를 가장한 덫이다. 그런 행위를 하는 사기꾼들은 오직 허세의 은행에만 예금을 하며, 그들의 자산이나 부채는 단지 농담과 공언(空言)뿐이다.

과 장

과장은 거짓말의 곁가지이다.

썰 물과 파도에 따라 움직이는 모래와 같이 변덕스러운 사람이 있다. 시계추처럼, 확신의 우(右)에서 불확신의 좌(左)로 흔들리는 생각을 가진 사람은, 나침반도 없이 불안과 우유부단으로 바다를 항해하는 선장과 같은 사람이다.

그러나 미더운 사람은 안정된 마음을 가지고 있다. 생각하는 사람은 마음에 닻을 내린 확고한 행동 원칙과 양식을 가지고 있다.

오늘 '예'라고 하고 내일 '아니오'라고 말하는 결정에 약한 자들은, 그들 자신 또는 다른 사람 안에서 전혀 평화를 발견하지 못할 것이다.

소란을 재우는 약

소란에 대한 약은 그대로 놓아 두는 것이다.
그러면 조용해진다.

떤 이들은 개시하지 않고 종결하는 반면, 어떤 이들은 개시는 하지만 종결하지 않는다. 시작은 힘차게 하면서 생각 없이 중단하는 것은 정신력이 약하다는 증거다. 무슨 일이든지 끝까지 하지 않는 사람은 인내심이 없고 타성에 젖어서 끝내는 아무런 명성이나 행운도 얻지 못한다.

스페인 사람들의 정열을 보라. 그들은 출발하면 반드시 종결을 짓고 만다. 그들은 할 수 있는 것과 조심해야 할 것을 알고 있다. 결단력과 추진력이 그들이 가지고 있는 필수 요건이다.

최상의 노력을 한다면 왜 성공적으로 종결되지 않겠는가.

그리고 우매한 자들이여, 노력하지 않으려면서 왜 시작했는가!

영혼의 문

열정은 영혼의 문이다.

자력이 있는 현자는 첫인상의 노예가 되는 것을 꺼린다. 첫인상이란 기껏해야 피상적인 것이다. 사람들은 처음 듣는 이야기에 속기 쉽다. 그들은 일시적 기분, 혹은 순간적 충동의 포로인 것이다. 그들은 처음 들은 이야기를 더 신중히 생각지도 않고 길잡이로 여긴다.

첫번째 소식은 흔히 최고의 거짓말로 확대되어 옮겨진다. 두번째 소식은 조금 완화된 거짓으로 말하여진다. 결국, 그 소식을 세번째로 듣게 되면 믿을 수 있을 정도의 현실성을 띠게 된다. 그러하니 처음 들은 이야기가 무슨 의미가 있겠는가.

어떤 이들의 마음은 언제나 맛이 변치 않는 포도주와 같다. 그러나 교활한 자들은 수시로 그들의 말을 바꿔 사람들로부터 신뢰를 얻으려 한다.

솔로몬 왕은 반드시 하나의 이야기의 양면을 살피기 위해 두 번 귀를 기울였다고 한다. 첫인상이나 한 번의 귀기울임으로 판단하는 것, 그것은 인격 결핍의 증거이다.

뉴 스

소식의 두번째 또는 세번째를 기다려라.

현명한 자는 영원히 사랑하지도 영원히 미워하지도 않는다.

어떤 이들은, 인생의 변화하는 모습에 대해 예리한 눈을 가지고 있어, 한 친구가 내일은 원수가 될 것을 알면서도 오늘은 그를 믿는다.

상황이 좋을 때만 친구인 사람은 언젠가는 실망을 가져온다. 잘못된 신뢰는 그 나쁜 영향이 반사되어 돌아온다. 원수의 손에 장전된 총을 주는 바보가 어디 있겠는가.

의심스러운 친구와 지낼 때는 실망을 감수할 수 있는 마음의 방을 준비해 두어야 한다. 배반당했을 때, 증오는 아무런 도움이 안 된다.

어제의 당당했던 복수는 상대방이 당했던 개인적 고통을 깨달을 때, 오늘의 아픈 기억이 될 수 있다.

의 심

내일 적이 된다 하더라도 오늘의 친구를 믿으라.

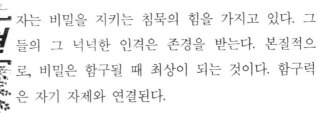

자는 비밀을 지키는 침묵의 힘을 가지고 있다. 그들의 그 넉넉한 인격은 존경을 받는다. 본질적으로, 비밀은 함구될 때 최상이 되는 것이다. 함구력은 자기 자제와 연결된다.

당신은, 머리와 가슴으로 생각할 수 있는 사람이 타인으로부터 신뢰의 대상이 된다는 것을 알 것이다. 그런 사람이 칭찬을 받고 존경을 받는 것이다.

비밀의 안전이 믿을 수 있는 사람의 침묵의 성소(聖所)에 보장되면, 그것은 영원히 보관되는 것이다.

신중한 사람은 반대나 질타를 직면할 때 전보다 더 신중히 침묵한다. 행동으로 옮겨야 할 것은 논의할 필요가 없으며, 불필요한 논쟁은 본연의 뜻을 삼키기 때문이다.

침묵의 베일

모든 것에 비밀을 섞어 두어라.
그 비밀이 깊은 존경을 일으킬 수 있다.

타인의 기분을 맞추는 것도 하나의 기술이다. 특히 당신이 지도자라면 이 기술을 계발해야 한다. 이것은 자신을 포기하고 타인을 위해 살라는 말은 아니다. 또는 이집트의 간신들처럼 아부하고 아첨하라는 말도 더욱 아니다.

인간은 무리를 떠나서는 살 수 없는 존재다. 화합하고 융화하는 것은 지극히 인간다운 자세이며, 결국 자신을 행복하게 하는 열쇠가 된다.

자신을 다른 사람에게 준다는 것, 이 얼마나 환희에 넘치는 일인가. 우리의 화술도 마찬가지다. 아름다운 음악처럼, 선택적인 말은 강한 매력을 지닌다. 이것을 알고 행하면 스스로를 이롭게 할 수 있다.

융 화

홀로 사는 사람은 동물과 같다.

변에서 서성이는 자는 결코 중앙에 설 수 없다. 피상적인 사람은 그렇게 되기 쉽다. 사물의 내부는 외부에서 볼 수 없으므로, 우리는 그 안을 보려는 치열함을 가져야 한다.

항상 거짓은 대열의 앞에 있고, 진리는 뒤에 숨어 있다. 현명한 자는 그래서 대열이 모두 지나간 뒤에에만 무언가를 결정한다.

기만은 피상적인 것이므로, 피상적인 사람은 늘 기만에 대한 책임이 있다.

허 상

진리는 일반적으로 보이기는 하지만 들리지는 않는다.

완고한 자기 고집만으로 행동하는 자는 어리석음을 도구로 행동하는 자이다. 성숙한 논리로 마음을 다스려, 지성과 반대되는 비타협을 고수해서는 안 된다. 완고함이란 무례함과 극악의 호전성이라는 양면을 지니고 있다. 그런 행동은 모든 사람을 적으로 만든다.

이런 성격의 소유자는 이중 인격과 불신으로 비뚤어지고 오염된 마음을 가지고 있다. 타인은 그런 자들을 고통스럽게 피할 뿐, 아무런 구제도 베풀지는 않는다.

확고하지만 유연한 사고를 가진 사람이 되어야 한다. 자신을 포기하지 않으면서도 타인이 당신에게 호의적인 평가를 내리도록 하는 것, 그것이 바로 사랑받을 수 있는 간단한 기술이다.

착 각

우매자가 자신을 볼 때,
자신이 바보라는 것을 모르는 사람은 자신뿐이다.

**나**의 소망이 소중하면 타인의 소망도 소중함을 깨달아야 한다.

극악 무도한 사람들은 자신의 바람을 이루기 위해 남의 꿈과 이상마저 파괴하는 돌이킬 수 없는 죄를 저지른다. 세상이 이토록 험해지고 비참해진 것은 바로 그러한 자들의 무법적 행동 때문이다.

아니, 그것이 꼭 무법적인 행동이 아니더라도, 그리고 침묵 속에 가려져 있다 하더라도 역사와 시간의 공정함은 그들을 심판하고야 만다. 세월은 반드시 공정했던 약자의 편에 서고 말 것이다.

소악 뒤의 대악

사소한 악에 문을 열어 주지 말라.
다른 큰 악들이 틀림없이 뒤따른다.

어려울 때, 친구는 고통의 순간을 즐거움으로 바꾼다. 마치 검정색을 흰색으로 바꾸듯. 불행을 번영으로 바꾸듯, 적을 친구로 바꾸는 데에도 원숙한 기술이 필요하다. 적이든 친구든 모두 똑같은 인간이라는 사실은 현명한 자에게는 그리 놀라운 일이 아니다. 재난이 그 극에 달했을 때, 종종 친구가 적이 되고 적이 친구가 되곤 한다. 그래서 친구는 두 가지 존재인 것이다.

우매한 자는 친구로부터 많은 것을 얻지만, 현명한 자는 원수로부터 더 많은 것을 얻는다. 한 손은 흔들고, 한 손으로는 속이는 거짓 친구들을 주의하라. 그러나 기대하지 않은 적, 순간적으로나마 동정심이 있는 자로부터 도움의 손길을 받아 유익을 얻은 사람도 있다는 것을 기억해야 한다.

적에게서 취하는 유익

지혜자는 친구로부터 우매함을 얻는 것보다
적으로부터 더 많은 유익을 얻어낸다.

관성과 독창성은 확실히 뛰어난 자들의 표상이다. 당신의 동반자의 능력은 그가 가지고 있는 참신성과 솔직성으로 측정될 수 있다.

자신만의 아집에 빠져 있는 자들은 사실상 아무런 창조도 할 수 없다. 주관적인 관점만을 고집하는 사람은 멀리서 사물을 볼 수 없으며, 그런 악습은 인생 전반에 걸쳐 그의 불행을 부채질할 뿐이다.

솔직한 사람이 의외로 독창적인 두뇌를 가지고 있다. 그는 자기만의 타성을 직시하고 솔직히 반성할 줄 안다. 그런 반성은 발전을 의미하며, 발전은 창조 없이 불가능하다.

창조란 인생을 훨씬 풍요롭게 만드는 매력적인 것이다. 사물을 여러 사람의 입장에서 보고, 느끼고, 수정할 수 있어야 한다. 그것은 자기만의 삶에서 모든 사람과의 조화로운 삶으로의 황홀한 비약을 의미한다.

자기 반성

자기 반성은 지혜의 학교다.

성공인의 특징은, 기본적인 문제를 잘 이해하고 객관적으로 훌륭히 요약해 낸다는 것이다. 그러한 사람은 자신의 신념을 확신이 있으면서도 재치 있게 표현하는 기술적인 형식을 가지고 있다. 그것은 무엇을 말해야 하는가와 언제 말해야 하는가에 대한 형식일 수 있다.

재치와 기지로, 상반되는 견해의 사람을 정복하는 것이 성공인의 능력이다. 구별된 사람들을 이용할 수 있는 상식의 힘을 성공인은 알고 있는 것이다.

게임의 타이밍

가장 중요한 기술은
언제 카드를 놓을 것이냐를 아는 것이다.

**간**섭하기를 좋아하거나 불평을 좋아하는 자는 늘 그런 습관에 얽매여서 살아간다. 타인에 대한 지나친 관심은 간섭이라는 악습으로 이어지기 쉽다.

우리는 인생이 매우 짧다는 것을 알고 있다. 인생의 핵심을 알고 있는 사람은 남의 일에 간섭하는 것으로 소중한 인생의 시간을 낭비하지는 않는다. 그것이 얼마나 덧없고 무효한 일인가를 알기 때문이다.

위인의 전기 중 어디에서도 남의 일에 간섭한 것을 좋은 추억으로 회상하는 내용은 없다.

불평도 그런 맥락에서 보아야 한다. 불평도 결국은 자기 인격의 부실함에서 비롯되는 것이요 개인의 미성숙을 드러내는 것이다. 정신적 낭비가 없는 삶, 그것이 바로 아름다운 삶이다.

불 평

불평은 불신을 가져온다.
그것은 너의 동료가 너를 위로하게 하는 것이 아니라,
적대자의 대담성을 고무하기만 한다.

기회주의자들을 주의해서 보라. 그들은 좋은 날씨에는 열심히 연주를 하다가도, 날씨가 바뀌어 폭풍우가 몰아치면 그 고난을 이길 수 없어 음악을 멈추고 만다. 기회주의자는 원칙이나 사상도 없으며, 압력을 받으면 무서워 벌벌 떤다.

그들은 그들과 만나는 자들에게 언제나 당혹감을 안겨 준다. 그들은 쉽게 합쳐지지만 해체되기는 어렵다. 대부분의 기회주의자는 어리석어서 자기 양심이 결여되어 있으며, 자신의 동료에게 헛된 욕망만을 심어 준다.

그들의 판단을 아무도 믿어 주지 않는다는 것으로 그들이 어떻게 심판받고 있는가를 보여준다.

기회주의자

아무에게도 쓸모가 없다는 것은 대단한 불행이다.

명한 자들의 사고의 명료함과 어리석은 자들의 사고의 혼란을 대조 비교한다는 것은 참으로 어려운 일이다.

지혜로운 자도 그 공정함을 잃게 되면 일을 그르칠 수 있다.

모든 것에는 양극단의 좋은 균형이 있다. 그 균형추가 확신에 세워질 것이냐, 혹은 미약함에 세워질 것이냐는 각자의 선택에 달려 있다.

균 형

과도한 행복은 비운이다.

타인의 의견을 단순한 의견, 혹은 아무것도 아니라고 생각하는 것이 옳을 때가 있다. 의견이란——특히 상반되는 사람의 의견이란——그 기초가 있든 없든 개인적 호불호(好不好)의 표현이다. 논쟁점이란, 반드시 어떤 무리에게는 긍정적이지만 또 다른 무리에게는 부정적인 것이다. 사고하는 사람에게 모두 검정색이거나 모두 흰색인 것은 없다. 의견이란 선회하며 바뀌기 마련이다. 오늘 다소 우스워 보이던 것도 내일에는 진지해질 수 있다.

자세히 분석해 보면, 조심성 없는 의견은 매우 허약한 논리의 틀을 가지고 있다. 그것은 추측에 의한 추론이다. 그 의견이 무엇에 근거해 있는가를 아는 것이 중요하다.

신중한 자는 모든 의견을 참을성 있게 듣지만, 결국에는 자신만의 비타의적인 생각으로 행동해 나간다.

최고의 이해

때로는 이해하지 않음이 최고의 이해이다.

소문이나 처음 듣는 소식에 큰 영향을 받는 사람이 있다. 그들은 그 소식의 사실 여부를 떠나, 무조건 반응하고 울거나 기뻐한다. 그러한 사람은 확신이나 가치관을 지키는 데 있어서 아직 어린애 같은 수준을 벗어나지 못하고 있는 것이다.

결국 그들의 삶은 후회의 삶이 될 것이며, 스스로 결론이 없는 존재로 전락할 것이다.

소 문

처음 소문은 지나가게 하라.
두번째가 올 때까지 기다려라.

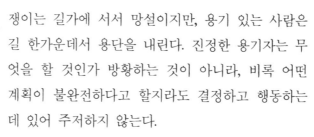

겁쟁이는 길가에 서서 망설이지만, 용기 있는 사람은 길 한가운데서 용단을 내린다. 진정한 용기자는 무엇을 할 것인가 방황하는 것이 아니라, 비록 어떤 계획이 불완전하다고 할지라도 결정하고 행동하는 데 있어 주저하지 않는다.

역사를 보면 항상 어떤 결정 앞에서 두려움에 떨었던 사람들은 그 시대 속에서 무명으로 사라지고 말았다. 인생은 온통 결정하는 일투성이다. 그러나 진정한 결정에는, 지성과 그 결정을 실천할 수 있는 근면함이 결부되어 있어야 한다.

물론 지도자라면 결정에 앞서 치밀한 사전 조사를 선행할 것이다. 시저와 같은 위인도 뛰어난 결단력으로 방향 설정을 하고, 추진해 나갔다.

지금 행동하라, 그리고 그후에 걱정하라. 행동하지 않는 것은 우리의 의지와 정신을 좀먹는 암적인 저주이다.

현 자

지혜자는 우매자가 맨 나중에 하는 일을 단 한 번에 한다.

인생의 길을 혼자서만 걷는 이는 결국 그 인생의 끝도 홀로 끝내게 될 것이다. 진정한 벗이 있는 여행은 더 편안하며 나중까지도 위안이 된다.

성공의 집에는 많은 출입문이 있다. 지혜로운 자는 가장 쉬운 길을 선택할 줄 안다. 어려운 관문을 통과할 수 있는 재능을 가진 자와 벗이 되어야 한다. 당신의 약점을 그의 강인함으로 보완하는 것은, 당신이 가지고 있는 재능에 그의 재능을 수혈하는 과정이다. 그것은 위대한 자와 함께 함으로 자신을 교육시키는 유익이 될 것이다.

선택으로 얻는 벗

참된 벗 한 사람의 통찰력은
여러 다른 사람들의 많은 호의보다 더 낫다.
그런 친구는 우연이 아니라 선택으로 얻을 수 있다.

당신은 아랫사람을 분발시키는 기술을 알아야 한다. 사람은 위협이 아니라 격려로 움직여진다. 당신의 부하에게 도전할 수 있는 기회를 주어야 한다. 그렇게 함으로써, 그는 그에게 닥칠 필연적인 난관들을 그 스스로 이길 수 있게 될 것이다.

홍수가 났을 때 가라앉는 사람이 있는가 하면 수영을 하여 살아 남는 사람이 있는 것처럼, 어떤 사람들은 어려울 때 움츠리는 반면 잘 훈련된 자들은 상황 타개의 강한 정신력을 가지고 명령을 완벽하게 수행한다.

위급한 상황은 우리에게 최선과 최악을 가져다 준다. 명성을 드높일 수 있는 상황은 재난의 때에 오는 것이다. 그리고 그때는 우리를 파괴하는 교활함과 나태함에의 도전의 기회이다. 그래서 과거의 많은 왕들은 휘하의 장군들에게 수없는 도전의 기회를 제공했던 것이다.

시저도 관대하고 조심성 있기는 했지만, 그의 각료들에게 냉대를 받으면서까지 힘든 훈련을 요구하여 그의 운명과 맞서 당당히 행진했던 것이다.

준 비

철저한 준비만이 철저한 성취를 이룬다.

정신력이 없는 사람은 본질이 없는 사람이다. 정신의 힘과 끈기가 없으면 성숙함의 옷을 입을 수 없다. 나약한 무리들을 보면 항상 타성에 젖어 있다.

어떤 상황에서도 절제된 기질과 강인한 감정을 유지해야 한다. 그렇지 않으면 누군가로부터 비웃음 거리가 되고 말 것이다. 잘 조절된, 그리고 적절한 기질을 나타낸다는 것은 당신의 그릇이 다른 사람을 부릴 수 있을 정도로 넉넉함을 시사해 주는 것이다.

인간 코미디

모두를 슬프게 하는 사람도
모두를 웃기는 사람만큼의 엄청난 바보다.

신뢰심이란 보고 행해져야만 부여되는 것이다. 신뢰는 우리가 인생이라는 사다리를 오르면서 꼭 가져야 할 사명 중 하나이다. 신뢰받지 못하는 천재는 이미 천재가 아니다. 신뢰받는 것은 세상을 좀더 긍정적으로 살 수 있게 해주며, 행복한 것으로 만들어 준다.

그러나 평생에 걸쳐 쌓아 놓은 신뢰의 벽이라 할지라도 일순간에 무너질 수 있다는 것을 명심해야 한다.

신 뢰

지나친 설명은 신뢰를 좀먹는다.

릿한 견해는 당신을 다른 사람들로부터 고립된 섬이 되게 한다. 하나의 관점으로만 만족하는 것은 다른 사람들로부터 외면당하기 쉽다. 사실을 받아들이고 제반 의견을 검토한 후, 공정함으로 결론을 내려야 한다.

타인의 의견이 받아들여질 수 없다 하더라도 최소한 존중은 해야 한다. 다른 사람의 신조를 섣불리 정죄하는 것은 당신을 증오의 대상으로 만든다. 반면, 심오한 지식으로 판단한 결론은 타당하며 그 가치를 인정받는다.

존 경

존경받는 사람은, 그 스스로가 다른 사람을
존경하기에 존경받음을 기억하라.

우리가 매일 관계하는 사람들 중에는 비문화적이고 투박한 사람들이 많다는 것을 이해해야 한다. 그런 류의 사람들은 보통 사람들 사이에도 많지만, 사업과 정치에 관계된 상류 사회에도 많이 있다는 것을 알아야 한다.

그들을 어떻게 대할 것인가를 아는 것은 대단한 지혜이다. 그들의 무례함에 똑같이 무례함으로 경쟁하는 것은 우리의 수준을 그런 속된 것으로 낮추는 것이다.

그들은 상사에게도 무례하며, 친구를 거칠게 대하며, 하층 계급에게는 압제적이다. 그들을 인식한다는 것은, 그들을 피하는 것이다. 바보는 무례하며, 무례함은 어리석은 것이다.

무 례

무례는 모든 것을 망친다. 이성과 공의조차도.

우리는 끊임없이 조언을 필요로 한다. 그 까닭은 우리 자신은 계속 조정되어야 하기 때문이다.

지혜로운 자는 열린 문처럼 자신의 눈과 귀를 열어 세상의 좋은 교훈과 지침을 받아들이려 한다. 그러나 닫힌 성처럼 자신만의 세계에서 살려는 사람이 있다.

역사는, 듣고 배우는 데 인색했던 수많은 왕들이 어떻게 파경에 이르렀는지 잘 증명해 준다.

우정의 문을 열면 도움의 문도 열린다. 현명한 자는 믿을 수 있는 자를 조언자로 삼아서 그를 자기 마음의 거울로 여겨 행동한다.

벗을 스승으로

친구를 너의 선생으로 삼아
대화의 즐거움과 교훈의 이익을 얻으라.

지력이 없고 속이는 자의 손에 명성의 열쇠를 맡김으로써 당신의 성실성을 위험에 빠뜨려서는 안 된다. 끈기와 의지력의 소유자는 당신을 진정으로 보호할 것이며, 벗으로서 언제까지나 옆에 있을 것이다.

진정한 동지를 발견한다는 것은 인생에서 너무도 가치 있는 일이다. 서로 기만하고 속이는 일만큼 괴로운 악몽은 없다.

동 지

동지는 적대자에 대한 약이며, 영혼을 위로한다.

인생의 사다리를 오를 때 당신에게 그림자를 드리우는 자를 가까이해서는 안 된다. 만약 그런 자가 당신에게 있다면 무모한 경쟁으로 서로의 위치가 위태롭게 될 것이다. 당신을 어둡게 하는 자는 멀리해야 한다. 왜 태양이 될 수 있는데 달이 되려고 하는가.

사람은 경쟁을 통해 상승하기는 하지만, 헛된 것을 좇고 있는 사람과 겨루는 것은 결국 똑같이 무모한 짓을 하는 것에 지나지 않는다. 소모적인 논쟁을 피하고, 믿을 수 없는 사람을 믿지 않도록 해야 한다. 나보다 훌륭한 사람과 출발하면, 도착할 때쯤 나 자신이 그 사람보다 더 훌륭해져 있음을 알게 될 것이다.

경 쟁

잃어버릴 것이 없는 자와는 경쟁하지 말라.

리하는 도박꾼은 그의 트럼프 카드를 숨길 줄 안다. 마찬가지로 생각 깊은 사람은 자신의 전략의 비밀을 지킬 줄 안다. 아직 온전히 실행되지 못한 자신의 계획이 섣불리 알려지면 한낱 교활함으로 치부되어 도외시당할 수 있다.

기만과 불신이 늘 우리 곁에 있음을 명심하라. 그러므로 우리는 두 배의 경계를 해야 한다. 그러나 그 경계와 주의의 정도가 교활함의 수준으로 가서는 안 된다. 주의와 경계는 지혜자의 개인적 방어의 동기에서 비롯되지만, 교활함은 탐욕스러운 자의 공격적 동기에서 나온다.

그 사람의 마음이 선한가 하는 것은, 그가 계획을 실현하는 데 쓰고 있는 기술이나 확신과 함께 주의와 경계의 정도를 보면 알 수 있다.

종이 되는 길

다른 사람에게 비밀을 말하는 자는
그의 종이 되는 것이다.

어떤 지도자의 명성도 세월 속에서는 사라지는 연기와 같다. 아무리 좋은 음식도 시간이 흐르면 썩듯이 명성도 마찬가지다. 가장 좋은 고상함의 바퀴도 시간의 무게를 견디지 못하는 것이다.

너무 많이 알려진 것은 사람들이 경외하지 않는다.

평범하더라도 참신할 때 기존의 뛰어난 것들을 제압할 수 있다. 따라서, 당신의 정신력을 늘 새롭게 해야 한다. 변신하라. 그렇지 않으면 당신은 그저 평범한 위치에서 머물게 된다. 무대가 바뀔 때마다 바뀐 모습으로 개성과 인기를 상승시키는 배우의 역할을 숙고해 볼 필요가 있다.

일장 춘몽

귀족의 영예는 짧다.
사흘 후면 존경은 사라진다.

세상의 변해 가는 모습에 사람들도 악화되어 간다. 인간의 심성은 세상을 살아가면서 조금씩 악랄하고 비굴하게 변한다. 참신성을 포기하고 세류에 적당히 표류하는 변화는 그야말로 위선 중의 위선이다. 그런 모습들이 정상인지 비정상인지도 구분할 수 없는 한심한 인간들이 도처에 우굴대고 있다. 온 세상을 소유한다 해도, 인생을 떳떳하게 인정받으며 살아가는 것만큼 소중한 것은 없다.

사 람

20세의 사람은 공작새이고, 30세에는 사자,
40세에는 낙타, 50세에는 뱀이며,
70세에는 원숭이, 80세에는 아무것도 아니다.

발 / 타 / 자 / 르 / 그 / 라 / 시 / 안   121

당신이 대하는 사람들의 의도와 동기를 이해하기 위해서 그들의 체질을 시험해 볼 필요가 있다. 원인을 분석할 수 있다면 결과도 예지할 수 있는 것이다.

사람의 기질은 항상 그 계획에 반영된다. 비관적인 사람은 그의 부정적인 기질 때문에 반드시 골치 아픈 지경에 이르게 된다. 그들에게는 모든 것이 암담하고 우울하다.

범죄 의식을 가진 사람에게 올바른 것이란 아무것도 없다. 분노하는 사람을 움직이는 것은 이성이 아니라 열정이다.

마음을 분석하고 해석하여 행동으로 표출되는 것은 선한 것이어야 한다. 어차피 밖으로 드러나는 것으로 사람은 평가되기 때문이다.

생각 있는 긍정

생각 있는 긍정은 무미건조한 부정보다 낫다.

구는 친구를 위해서 존재해야 한다. 그리고 그는 언제나 도움과 조언과 협력을 주는 존재이어야 한다. 주의해 보면, 가까운 데 있는 어떤 친구는 떨어져 있는 것이 더 나은 경우가 있다. 또는 떨어져 있는 어떤 친구는 가까이 있어야 더 좋을 때가 있다.

친구는 만족을 주기도 해야 하지만 따끔한 자극도 주어야 한다. 지혜자는 영원의 약속을 할 수 있는 친구를 일찌감치 결정한다. 적절한 맛을 가진 친구는 이 인생의 무료한 쳇바퀴를 맛깔스럽고 빛깔 있게 바꾸어 주기 때문이다.

친구 없는 삶은 그늘 없는 사막이다. 본질적으로, 친구는 불행을 이기게 하는 보약 중의 보약이다.

우정의 위대성

우정은 삶의 선을 모으고 악을 분리시킨다. 또한 불행을 이기는 치료제이며, 영혼의 환기구다.

발 / 타 / 자 / 르 / 그 / 라 / 시 / 안　123

어리석음 중의 어리석음은 바보가 되는 것이 아니라, 자신이 바보임을 숨기는 일이다. 세상에는 숨겨야 할 것이 많이 있지만, 자신이 바보임을 숨기는 일은 영영 그 굴레로부터 자신을 벗어나지 못하게 하는 족쇄가 된다.

자신이 우매한 자임을 드러내는 것은 매우 지혜로운 일이다. 그것은 자신을 극복하려는 의지를 더욱 강하게 해주며, 많은 사람들의 지혜로운 조언도 거둬들일 수 있게 한다. 그것은 자포자기하는 것이 아니라, 정정당당하게 심판받고 개선하려는 지혜로운 결단이다.

자신의 우매함을 드러내고 깎아 나가라. 그렇게 하면 삶의 가치를 찾고, 결국에는 지혜의 나라로 가게 될 것이다.

가장 큰 바보

가장 큰 바보는, 자신을 제외한 모든 사람들이
바보라고 생각한다.

편향적인 시각을 갖는 것은 인생에서의 자신의 역할을 오판하고 그릇 계산하는 일이 되곤 한다. 오만과 편견으로 가려진 견해는 삶의 행운을 어둡게 한다. 비뚤어진 시각으로 이 세상을 보면, 이 세상은 뛰어난 양심가도 철학가도 없는 세상이 된다. 인생의 바다에서 온통 부정만 하는 자의 마음 속에는 선장도, 나침반도, 항로도 없다.

시각에게 자유를

시각은 자유로워야 한다. 억압되어서는 안 된다.

일상 생활의 대인 관계에 있어서 너무나 감각적이기에 상처받기 쉬운 자들, 그들의 그러한 미성숙은 사업뿐만 아니라 우정에도 도움이 안 된다. 그들은 가벼운 손가락 동작에도 깨어져 버리는 약한 유리와 같다. 그런 사람들은 또 그런 사람들과만 교제해서 그 유약함을 더해 간다.

자세히 둘러보라. 의지력이 박약한 인간들과 거리를 멀리하고, 그들과 같이 감정의 노예가 되는 것을 경멸해야 한다.

탈출하기 어려운 노예

여러 종류의 노예 중
가장 탈출하기 어려운 것이 감정의 노예이다.

세상은 남의 결점을 찾으려는 자들로 가득 차 있다. 그런 변태적 욕구로, 사람들은 자신을 합리화하고 타인을 미워하는 데 익숙해 있다. 서로 헐뜯는 비정상적인 환경은 천국도 지옥으로 만들 수 있다.

우리는 미워하고 헐뜯기에는 너무도 아까운 시간을 살고 있다는 것을 기억해야 한다. 인생에는 그런 일 말고도 너무나 할 일이 많다.

유일한 소유

시간 외에 우리에게 속한 것은 아무것도 없다.
그러므로 아껴라.

질적인 불평자들은 친구들의 동정을 잃어버리고 적의 비난거리가 된다. 불만족과 불공정에 관해 끊임없이 투덜거리는 자들은 그들의 미성숙을 증명하는 것이다.

과거의 일을 불평하는 자는 앞으로의 더 많은 불평거리를 만들어 낸다. 그들은 자신의 불평을 들어줄 사람만을 찾아서 그들에게만 충고를 듣는다.

우리는 기쁨과 슬픔, 희락과 고통의 소용돌이 속에서 살고 있다. 불가피성의 원칙을 받아들이고, 친구와 패배를 논하지 말라. 패배를 논하면 당신의 신망과 명성은 손상될 것이다.

불만족

행동으로 만족하고 말은 남에게 맡겨라.

판단은 증거와 사실로 행해지는 것이다. 유감스럽게도 많은 사람들은 그들이 본 것이 아니라 들은 것으로 판단하려 한다. 그러나 듣는 것은 돌고 도는 뜬소문보다 나을 것이 하나도 없다. 반대로 증거는 사실을 낳는다. 사실을 따르면 확신을 가지게 된다.

우리는 사실과 거짓을 가리는 데 가끔 혼돈을 겪는다. 사실은 들릴 듯 말 듯한 걸음걸이로 오지만, 거짓은 요란한 브라스 밴드로 오기 때문이다.

어떤 이야기의 참과 거짓을 구별하기 위해서는 이야기를 옮기는 사람의 동기를 잘 분석해야 한다. 혹은 '그 이야기로 나는 무엇을 잃고 얻었는가?'라는 질문으로 그것을 알아낼 수 있다. 반드시 조심스럽게 숙고하고, 그 결과를 추리해 보아야 한다.

반쪽 진리로 온전한 이해를

우리에게 도움이 되는 진리는 대부분 반만 말하여진다.
그러나 우리는 그 의미를 온전히 이해해야 한다.

완벽한 신사란 다방면에 능숙한 사람이다. 그는 다양한 재주와 멋을 지니고 있어 확장된 삶을 산다. 예술과 문화에 대한 인식을 풍부하게 함으로써 인격을 금장식으로 꾸민다.

음식에 다양한 맛을 주듯 인생에도 그 맛을 더해야 한다. 기호의 다양성을 계발하기 위하여 그것을 발견하고 계발하라.

무용지물

누군가가 아무에게도 소용이 없다는 것은
엄청난 불행이다.

사람들의 마음을 헤아리는 방법을 알아야 한다. 타인의 지성이나 동기를 날카롭게 파헤치는 것도 중요한 기술이다. 그러나 역시 이런 행위에 있어서도 공정함이 선행되어야 한다.

과학 등의 학술을 배우는 것보다 훨씬 중요한 것이 사람에 대해 배우는 것이다. 당신이 학술용어나 예술의 온갖 상식을 다 안다 하더라도, 인간의 사상이나 동기에 대해 무지하다면 불행을 자초할 수 있다.

중요한 것은 다른 사람이 말하는 것을 느끼고, 다른 사람이 느끼는 것을 표현할 수 있어야 한다는 것이다.

마 음

우리의 마음이 열리게 하는 자들,
그들에게 감사하라.

인생이라는 게임을 풀어나가는 방법을 알아야 한다. 교활한 자는 속임수를 씀으로써 그들이 원하는 것을 얻으려는 트릭을 쓴다.

우리의 존재에는 독특한 패러독스가 존재한다. 즉, 잡으려는 것은 잡히지 않고 원하지 않는 것이 우리의 길에 기다리고 있다는 것이다. 또, 이것은 사랑의 문제에 있어서도 마찬가지다.

경멸과 모욕은 어리석은 자에 대한 보복의 교묘하고도 달콤한 형식이다. 멸시의 정도가 깊어지면 깊어질수록 자기 만족도 커진다. 분노는 지혜로운 복수가 아니다.

노여움

화가 났을 때는 아무 일도 하지 말라.
하는 일마다 잘못된 것이다.

우정이 필요할 때 우리의 양심을 짓밟고 저버린 친구들에 대한 가장 큰 복수는 그들을 망각 속에 밀어넣는 것이다.

그것은 최고의 경멸이다. 그러므로 그들을 잊어버리고 돌아보지 말라.

그리고 미래에 대한 새로운 방향과 동료를 선택해 나가라.

최대의 복수

가장 큰 복수는 망각이다.

**정**신과 이성의 영리함은 일을 추진하는 데 상호 보완 관계에 있다. 이성이 깊이 숙고한 것을 정신은 행한다. 충동은 갈 방향을 모르는 미성숙의 무모한 질주이지만, 이성은 충동을 진정시키고 갈 방향을 잡아 주는 역할을 한다.

우리는 최선을 다했다 하더라도 과잉주의나 시기를 놓침으로써 좋은 기회를 놓칠 수 있다. 천천히 참는 인내와 함께, 결정적인 시기를 놓치지 않는 신속함은 패배를 없애는 명쾌한 카드다.

고대 로마 왕정의 유명한 금언 '천천히 그리고 신속히'는 오늘도 그리고 내일도 새겨야 할 말이다.

차용 이성

이성 없이 사는 것은 불가능하다.
자신의 것으로든, 아니면 빌리기라도 해서 살아야 한다.

준한 주의력을 가지고, 나아갈 방향을 갖지도 않은 채 위장만을 좋아하는 사람들을 관찰하여 보라. 그들은 신임할 수가 없다. 그들은 처음에는 겸손한 체 당신 뒤에 서지만, 나중에는 오만함으로 당신 앞에 서게 될 것이다. 그들은 이중성과 속임수에 있어 전문가이다.

오늘의 친구가 내일의 원수가 되어 우리를 괴롭힐 수 있다는 사실을 알아야 한다. 우리의 신뢰가 잘못된 자리에 있을 때 그렇게 될 수 있다.

겉모습

실제 그가 누구인가를 보는 이는 드물다.
모든 것은 그 겉모양으로 판단될 뿐.

지혜자는 항상 신중하게 깨어 있다. 그는 항상 다른 사람들의 행동에 대한 이유를 간과하지 않는다. '저 사람이 취하고자 하는 이득은 무엇일까?' '바른길이 있는 데도 왜 길을 잃는 것일까?' '저 사람의 행동은 나에게 무슨 의미일까?'라는 등의 질문을 늘 추구하는 것이다.

그런 질문의 소득은 상대방에 대한 확실한 결론이다. 지혜자는 그렇게 상대방을 분석하여 계도하기도 하지만, 결국 가장 중요한 것은 우리 자신이 그 분석으로부터 교훈을 얻는 것임을 알고 있다.

분석하는 사람

사람도 책과 같이 깊이 연구하고 분석해야 한다.

성공을 확신하고 일을 추진하면서 도전을 부인할 수는 없다. 공상과 현실을 혼동하는 사람이 있다. 현실은 결코 이상과 합치될 수 없다. 그리고 꿈이 욕망과 합쳐질 때 우리들은 공중에 모래집을 짓는 꼴이 된다. 그렇게 되면 환멸과 멸시가 뒤따르게 된다.

욕망은 진리를 거짓으로 물들인다. 헛된 욕망은 소중히 간직해 온 인생의 바른 것들을 끊임없이 좀먹고 결국 파멸로 이끈다. 그런 욕망과 공상을 벗어나기 위한 비상구를 마련해야 한다.

오직 우매한 자만이 사라져 버릴 덧없는 것 위에 집을 짓는 것이다.

가능성 불신자

현자는 가능성을 믿지 않는다.
오직 이성과 함께할 뿐.

엇이 위인을 위대하게 하는가. 이런 당혹스런 질문이 오랫동안 수많은 전기(傳記)의 주제가 되어 왔다. 위인은 한 사람의 재능이 잘 조합되어서 만들어진다. 그 조합이 결정적인 시대와 맞물리고 결국 그것이 역사를 이루는 것이다.

사람이 소유할 수 있는 가장 위대한 소질은 단호한 결단력, 원숙한 정신, 문화에 대한 자각이다. 단호한 결단력은 불가능을 가능으로 만든다. 그것은 패배주의자를 의지력을 갖춘 승리자로 만들어 주며, 정신을 환기시켜 추진력을 도모한다. 원숙한 정신이란 깊은 이해심이다. 그것은 우리와 주위 세계를 인식하도록 해주며, 커다란 자제로 우리를 인도한다. 문화에 대한 자각은 사람을 완벽하게 만든다. 어느 누구도 문화 없이는 교양인이 될 수 없다는 점을 기억해야 한다.

짐승에서 사람으로.

사람은 야만인으로 태어났다.
그러나 문화를 받음으로써 짐승으로부터 구제되었다.

떤 위인도 원래부터 위대한 집에서 태어나는 것이 아니다. 어떤 사람은 그 집으로 수월하게 걸어 들어가지만, 어떤 이는 수없이 넘어지며 들어가고, 어떤 이는 대문을 한참 두드린 후에야 들어갈 수 있다. 또, 어떤 이는 뒷문으로 기어서 들어가며, 어떤 이는 지하로 겨우 들어간다.

그러나 어떤 경로를 통했든, 그들은 기어코 그 집으로 들어간 것이다.

기 대

항상 무엇인가를 소망하라.

해가 뜨고 지듯 우리의 인생도 발전과 종말을 가지고 있다. 따라서 어떤 일이든 실패해서 떠나야 할 때에는 명예롭게 가야 한다는 행동 규범이 있어야 한다. 찬란한 정오에 영원히 빛나는 행운이나 명성, 정열은 없다.

해가 질 때의 교훈을 기억하라. 하루의 끝은 해가 질 때 붉게 물들기는 하지만, 가라앉는 것을 보이지 않으려고 구름 뒤에 숨어서 사라진다. 어쩔 수 없이 변화할 때에는 패자가 되기 전에 승자로 물러날 줄 알아야 한다.

빈틈없는 마주(馬主)는 항상 그 말을 경기에 내보내기 전에 먼저 목초지에 풀어 놓는다.

지혜자의 금언

무엇인가가 자신을 버리기 전에
자신이 그것을 먼저 버리는 것이 지혜자의 금언이다.

신사가 되어야 한다. 그의 선함은 모든 완벽의 일부이며, 모든 행복의 중앙에 있다. 신사의 특징은 명백하게 행복 지향적이라는 것이다.

행복하라. 사람은 건강, 신성함, 지각력을 필요로 한다. 덧붙여 선함은 우리 세상의 태양이다. 그 세상의 하늘은 우리의 양심이다.

선함을 실천하는 신사만큼 존경받는 사람은 없다. 아무도 그 이상 기억될 수는 없다.

예 의

예의는 위대한 자의 사려 깊은 매력이다.

삶의 불합리를 조정하는 데에는 기술이 필요하다. 이 세상에는 너무도 많은 어리석음과 거만함과 야비함이 존재하고 있다. 그것들을 교정한다는 것은 불가능하다. 그래서 오직 개인과 주변 세계와의 타협과 협상만이 있는 것이다.

다른 사람들을 대할 때에는 화낼 준비를 해라. 수시로 당신은 상처를 입을 것이며, 믿을 수 없는 사람을 믿음으로 인해 굴욕을 당하게 될 것이다.

실연을 하였거나 친구가 우리를 배신했을 때, 우리에게 남는 것이라곤 용기와 전진해야겠다는 우리의 결심뿐이다. 인생이라는 길은 거칠고, 우리의 자신감을 흔드는 것들로 가득 차 있다. 후회하지 말고 인생을 그 자체로 받아들여라. 인생이 동물 세계보다 더 나은 것도 없으므로.

삶

삶이란 타인의 악의에 대한 전쟁이다.

훌륭한 지도자에게는 언제든지 사용할 수 있는 희생자가 있기 마련이다.

속죄양은 적의 칼에 대비한 방패이며, 수많은 비난의 짐을 덜어 줄 수 있다. 어려운 일이 닥쳤을 때야말로 희생의 제단에 속죄양이 필요한 때이다.

그 속죄양이 희생되었을 때 모든 상황은 예전과 같이 정상화된다.

권 력

권력의 유일한 이점은
더욱 많은 선행을 할 수 있다는 것이다.

성공인은 항상 자신을 어떤 사건의 중앙에 놓고 생각하는 경향이 있다. 그들의 눈과 귀는 문제의 겉모습이 아니라 핵심에 집중되어 있다. 그들은 주변의 진동이나 변화에 관계 없이 꾸준한 일관성을 유지한다.

대부분의 사람들은 인생에서, 험한 삶의 숲 속에서 끝없이 방황하고, 성공의 포도밭을 발견하지 못해 위기 의식을 느끼고는 한다.

지혜로운 자는 새벽에 출발하여 목표를 향해 적절한 보폭을 유지해서, 마침내 황혼녘에는 가시가 없고 성공의 포도가 가득한 목적지에 도착하게 된다. 그에 비해, 어리석은 자는 잘못된 타성으로 시간과 노력만을 허비하고 만다.

주체성

유행과 시대로부터 독립하려는 목표를 가져야 한다.

세계와 사람들은 계속 변화한다. 우리 또한 그 세계의 일부이므로 변화해야 한다. 우리의 변화는 단호하고 전진 지향적이어야 한다. 의타적인 경향이 있는 사람들이 많으므로 자립심이 있는 사람을 선택하여 함께 변화하고 전진해야 한다. 그 선택은 친구든 적수든, 사업상의 상사든 부하든 마찬가지다.

대다수의 사람들이 하는 말은 가벼운 바람과 같다. 흥미를 돋구는 듯한 말은 대부분 기만하고 분열시키는 속임수라는 것을 명심해야 한다. 그것은 허풍을 떠는 수다쟁이가 바람에 부풀린 말이다.

약속한 것을 반드시 지키는 사람을 주목하라.

수많은 나무들이 있다. 그 중에 열매를 맺는 나무가 있는가 하면 열매가 없는 나무도 있다. 그러나 열매가 없는 나무도 땔감이나 목재로서 쓰이는 것이다. 특정 부문에 재능이 없다고 그 사람을 모든 것에 불필요한 존재로 치부해서는 안 된다.

세상의 지식

세상의 지식은 서재가 아니라,
세상에서 얻을 수 있는 것이다.

존경심으로 친구와 이야기하든, 조심성 있게 적과 이야기하든 자유롭게 이야기할 때는 항상 주의를 해야 한다. 부주의하고 신중하지 않게 해버린 말은 다시 주워담을 수 없다.

우리는 가볍게 이야기하고 무겁게 후회한다. 어떤 대화이든 그 말의 파장을 생각하고 밝은 쪽으로 이야기한다면 사교를 성공으로 이끌 수 있다.

화 술

대화에 있어 판단력은 웅변력보다 중요하다.

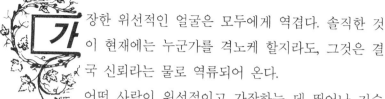

가장한 위선적인 얼굴은 모두에게 역겹다. 솔직한 것이 현재에는 누군가를 격노케 할지라도, 그것은 결국 신뢰라는 물로 역류되어 온다.

어떤 사람이 위선적이고 가장하는 데 뛰어난 기술을 가지고 있어서 성공의 길을 가고 있다고 해서, 그 길의 끝도 성공인 것은 아니다.

인생이라는 길의 끝에서는 모든 삶의 결론이 햇빛처럼 빛난다. 인격을 갈고 닦았다면, 그 중도(中道)는 힘들었을지라도 결국은 찬란히 빛나 모두의 추억에 그의 인생이 아로새겨지리라.

물론 어떤 이에게는 그 중도의 삶도 결국은 기쁨과 환희의 내면적 천국으로 승화할 것이다. 그러므로 솔직해지면 결국은 승리한다.

거짓과 참

거짓은 항상 앞에 오고 참은 가장 나중에 온다.

발 / 타 / 자 / 르 / 그 / 라 / 시 / 안 147

연   보

1601년   1월 8일, 칼라타유드 근처 벨몬트에서 세례를 받음. 고
         대 스페인에서는 아이가 태어날 때 세례를 주었으므
         로 이때가 그의 생일이라고 추측할 수 있음. 산페드로
         드로스스레스 예배당 목사였던 안토니오 그라시안과 함
         께 톨레도에서 성장기를 보냈으며, 그곳에서 젊은 그
         라시안은 인간과 철학에 관한 학문을 탐구했다.

1616년   자라고자에 있는 제수이트교 학교에서 수업.
(~19년)

1619년   3월 30일(18세), 타라고나에 있는 제수이트교 수련원

에 입학.

이때 그의 '피의 신성함(유태인이나 무어인 조상과 관계 없는 순수한 스페인 계통이라는 뜻)'을 인정받음.

1620년 교우 바돌로메 발세브르의 부고(訃告)를 기술. 이것이 알려진 그라시안의 첫번째 글.

1621년 3월 21일, 첫번째 종신서약 시작.

1621년 칼라타유드 대학에서 철학을 공부함.

1623년 자라고자에서 신학을 공부함.

1624년 신부 그라시아 알라비아노를 위한 부고를 기술함. 이것이 알려진 그라시안의 두번째 글.

1626년 부사제 블라스 바일로의 비서로 근무함.

1627년 칼라타유드의 제수이트교 학교에서 문법학 교수 역임. 작문학을 교습. 사제로 임명받음.

1630년 발렌시아에서 1년간 그의 세번째 견습기간을 거침으로
(~31년) 로써 제수이트 교도로서의 공식적이고 사도적인 생을 시작함.

1631년 레리다에서 신학 교수이자 사제고문으로서의 명성을
(~33년) 떨침.

1633년 간디아 대학에서 언어학 및 철학 교수 역임.

1635년 네번째 종신서약의 신앙 고백.

1636년 자라고자의 우에스카 아라곤으로 돌아옴. 휴머니스트,

돈 빈센치오 후안 드 라스타노자와 우정을 쌓음.

1637년   로렌조 그라시안이라는 필명으로 《엘 헤로에(영웅)》 초판 발행. 수도회의 허가 없이 저서 《인파존(귀족)》 저술. 친구 라스타노자에게 바침.

1638년   수도회장에게 오만과 반역죄로 징계받음.

1639년   수도회의 허가를 받고 《엘 헤로에》 재판 발행. 여전히 로렌조 그라시안이라는 필명을 사용함.

1640년   자라고자 아라곤의 총독이자 노체라 군주인 프란시스코 마리아 카로파에게 신앙 고백.

4월과 5월, 마드리드의 법정에서 첫번째 법정 항의서 기술.

후에 저서 《아구데자》에서 칭송한 시인 안토니오 허타도 드 멘도자와 우정을 쌓음.

그라시안이라는 필명으로 《엘 폴리티코》 발행.

이 해는 카탈루냐 혁명이 일어난, 사회적으로 혼란한 해였다.

1641년   카탈루냐 혁명을 감정적으로 지지했다는 죄로 노체라 군주에 의해 체포, 구금됨.

1642년   노체라 군주 사망. 로렌조 그라시안이라는 이름으로 《아르테 드 인제니오(영리함의 기술)》 발행함.

타라고자의 수련원 부원장으로 부임해서 44년까지 재

직함.

1644년 발렌시아 수도원의 고해사제 및 전도사.

지옥에서 받았다고 주장하는 편지에 대해 설교함으로써 적의의 대상이 됨.

1646년 우에스카로 돌아옴.

허가 아래에 필명으로 《엘 디스크레토(사려 깊은 사람)》 발행. 그러나 사제단은 더 이상 책의 발행과 저술을 금지함.

돈 디에고 펠리페 드 구즈만의 군목사가 됨.

11월 21일 대학살 이후 '승리의 사제'라고 칭송받음.

포르투갈 귀족이자 군인인 파블로 드 파라다와 친구가 됨.

1647년 로렌조 그라시안이라는 필명으로 《사리 분별력의 지침서》 발행.

1648년 《마음의 지혜와 기술》 발행.

이때부터 그라시안은 저명한 문학비평가 및 관념론의 대변자가 됨

1649년 우에스카에서 문법학·철학·도덕 신학 교수 역임.

1651년 자라고자에서 성경신학 교수 역임.

필명 그라시아 드 말론스로 《엘 크리티콘(완전 비평)》의 제 1 부 발행.

책 검열 시작됨.

1652년   문학 작업 본격 시작.

작가이자 라틴어 학자인 그의 친구 마누엘 드 살리나스와의 불화.

J. 세핑턴 저 《영웅》의 영어 번역.

1653년   로렌조 그라시안이란 필명으로 《크리티콘》 제 2 부 발행.

1654년   17세기 스페인의 매우 중요한 명시선집 중의 하나를 발행. 그라시안이 프롤로그를 쓰고 직접 선시(選詩).

1655년   자신의 실제 명의로 《친교의 책》 발행.

1657년   로렌조 그라시안이라는 이름으로 마드리드에서 《크리티콘》 제 3 부 발행.

1658년   반역죄와 《크리티콘》 발행으로 인하여 사제단으로부터 고행과 같은 빵과 물만으로 금식케 하는 형을 받음.

자라고자에서의 성경신학 교수직 박탈.

그라우스로 추방됨.

사제단을 탈퇴하는 진정서를 쓴 뒤 수도회단으로 입단함.

11월 6일, 사망.

라 로스피크

정의란, 우리의 소유물을 다른 사람에게 빼앗겨서는 안 된다고 항상 걱정하는 마음에 지나지 않는 것이다. 그 까닭에 세상 사람은 다른 사람의 이익을 모두 존중하는 것이다. 더 나아가, 털끝만큼도 남에게 폐를 끼치지 않겠다고 세심하게 마음을 졸이는 것이다.

이러한 걱정으로 인해서 인간의 재산에는 그것이 자기에 말미암은 것이든 또 운명에 말미암은 것이든 저절로 제한이 생기는 것이다.

이러한 걱정이 없었다면 인간이 항상 다른 사람의 재산을 노려 침략을 시도하지 않으리라고는 할 수 없는 것이다.

제일 작은 법도

예의는 온갖 법도 중에서 제일 작은 것이지만
인간 사회에서는 가장 잘 지켜지고 있다.

신과 비판이 두 개의 별다른 것이라고 생각했기 때문에 현재까지 인간에게 잘못이 있었다.

비판이라고 하는 것은 정신의 빛의 위대함을 보여주는 것에 지나지 않는다. 정신의 빛이야말로 사물의 기본을 구명하고, 인식해야 할 모든 것을 인식하고, 눈에 띄지 않는 것처럼 생각되는 사물까지도 알아차리는 것이다.

이와 같은 맥락에서 본다면, 정신의 빛의 폭이야말로 비판이 그렇게 하도록 만드는 모든 것의 결과를 낳는 것이라고 결정하고 생각하지 않으면 안 된다.

철학과 화

철학은 과거의 화와 장래의 화는 쉽사리 이긴다.
그러나 현재의 화는 철학을 이긴다.

유능한 사람이라면 그 이해 문제를 질서 정연하게 배열해서, 하나하나 질서를 밟아서 그것을 제어해 간다.

그러나 우리들은 가끔씩 빈곤한 욕심에 몰려 이러한 질서를 어지럽히고는 한다. 많은 물건을 한꺼번에 붙잡고자 하는 욕심에 허덕이는 결과, 아무런 가치도 없는 것을 지나치게 탐내는 바람에 가장 중요한 것을 빠뜨리는 경우가 있다.

자신의 악

자기가 행하는 악을 모두 알고 있을 만큼 머리가 뛰어난 사람은 아마 없을 것이다.

간 혹 고문을 당하고 있는 사람이 침착을 보이며 마치 죽음을 멸시하는 것 같은 행동을 하는 일이 있다. 그러나 그것은 죽음을 눈앞에 똑바로 보려 하는 공포의 한 표현에 지나지 않는 것이다.

그렇다면 이와 같은 침착과 멸시가 그들의 정신에 영향을 주는 것은, 눈가리개로 그들의 눈을 씌우는 것과 같다고 말해도 좋을 것이다.

*

죽음을 아는 사람은 거의 없다. 사람들은 각오를 하고 죽는 것이 아니라 망연하게, 그것도 관습에 의해서 죽을 뿐이다. 다시 말해서, 인간은 대부분 죽지 않을 수 없는 까닭에 죽는 것이다.

이성의 한계

가끔 사람들은 이성의 힘으로는 자신의 불행이 위로되지 않을 때, 자기의 약함을 생각해서 위로한다.

연애의 정의를 내린다는 것은 그리 쉬운 일이 아니다. 우리들이 말할 수 있는 것은 다음과 같다.

영혼에 있어서는 지배의 정(情)이요, 정신에 있어서는 동정이요, 육체에 있어서는 많은 비밀을 거듭한 뒤에 사랑하는 대상을 소유하고자 하는 은밀하고도 또 미묘한 욕망이다.

실체를 알 수 없는 연애

진짜 연애는 망령의 출현과 똑같다.
누구나 그 얘기를 하지만 실지로 본 사람은 별로 없다.

라 / 로 / 슈 / 푸 / 코   159

일반적으로 사람들은 권력에 있어서 자신들보다 능가하는 사람들을 사랑하고 있다는 사실에 의심을 품지 않는다. 그렇기는 하지만, 인간 사이에 있어 우정을 낳는 것은 오직 이해 관계뿐이다.

우리가 그들에게 몸을 맡기는 것은 그들을 위해서 하고자 하는 염려로 인한 것이 아니라, 그들로부터 어떠한 호의를 바라고자 하는 염려로 말미암은 것이다.

우정이 변하는 이유

우리들의 우정이 이다지도 변하기 쉬운 것은
영혼의 바탕은 알기가 어렵고
정신의 바탕은 알기 쉽기 때문이다.

대화를 하는 데 있어서 이해성이 많고 유쾌해 보이는 사람이 아주 드문 이유 중에는, 대부분의 사람들이 상대방의 이야기에 정확한 대답을 하기보다는 자기가 말하고자 마음먹고 있는 것으로 생각을 기울이기 때문이다.

뛰어나게 수단이 좋은 사람일지라도, 또 남다르게 상냥한 사람일지라도 겨우 주의깊은 듯한 표정을 보이는 것으로 만족한다. 그런 사람의 눈 속, 마음 속에는, 그저 멍하니 상대방의 이야기에 귀를 기울이면서도 자기가 말하고자 생각하고 있는 것으로 한 순간이라도 빨리 이야기를 되돌리고 싶어하는 조바심이 엿보인다.

자신을 기쁘게 하고자 조바심하는 일이 남을 기쁘게 하거나 설득하거나 하는 데에는 하나의 졸렬한 방법이요, 대화를 주고받을 때 잘 듣고 잘 대답하는 것이 훌륭한 태도라는 것을 그러한 사람들은 생각하지 않는 것이다.

아까울 게 없는 조언

세상 사람이 팔기를 아까워하지 않는 것은
조언 이외에 다른 것은 아무것도 없다.

라 / 로 / 슈 / 푸 / 코　163

견을 듣고자 하거나 말하고자 하는 것처럼 솔직하지 않은 것은 없다.

의견을 부탁하는 사람은 친구가 생각하는 것에 대해 마음으로부터의 경의를 지니고 있는 듯이 보인다. 하지만 마음 속으로는 자기의 생각에 친구의 동의를 얻고자 하고, 친구에게 자기의 행동을 보증시키려고만 생각하고 있는 것이다.

반면, 의견을 피력하는 사람은 욕심과는 거리가 먼 것 같은 진지한 얼굴을 하면서 상대가 보이는 신뢰에 보답한다. 그러나 자세히 살펴보면, 그 또한 의견을 말하면서도 자기 자신의 이익이나 명예밖에는 구하고 있지 않다는 것을 알 수 있다.

슬픔은 허영에서

사람이 울고 슬퍼할 때,
거기에 어떠한 핑계를 붙인다 할지라도
그 근거는 흔히 이욕과 허영에 지나지 않는다.

대개의 사람은 남을 칭찬하려고 하지 않는 법이다. 자신에게 이익이 되지 않는 일로서는 결코 아무도 칭찬하려 하지 않는 것이다.

찬사는 교묘하고도 은밀하면서도 미묘한 아첨이니, 그것을 주는 자와 받는 자를 모두 만족시킨다. 어떤 사람은 그것을 자기의 재능의 대가로서 받아들이고, 또 어떤 사람은 자기의 공정성과 식별력을 나타내기 위해서 준다.

칭찬하는 이유

사람은 보통 칭찬을 받기 위해서만
남을 칭찬하는 것이다.

라 / 로 / 슈 / 푸 / 코   165

우리가 새로운 친지에게 마음이 끌리는 이유는, 오랜 친지에 대해서 느끼는 권태나, 하나를 버리고 다른 하나를 취하는 쾌락의 소이이기도 하다.

그렇지만 그것보다는 지나칠 만큼 우리에 대해 알고 있는 사람들로부터 만족스런 찬탄을 받지 못하게 된 데에 대한 혐오이기도 하다. 또한, 그다지 우리를 알지 못하는 사람들로부터 좀더 감탄을 받았으면 하는 희망에서 오는 것이기도 하다.

겸손의 실체

남에게 칭찬을 받고 나서,
원 천만의 말씀을 하고 말하는 것은
또다시 칭찬을 받고자 하는 속셈의 표현이다.

인생 행로에는 갖가지 악덕이, 이를테면 차례차례로 묵으면서 가지 않으면 안 되는 여관의 주인이기라도 한 것처럼 우리들을 기다리고 있는 듯하다.

만약 우리에게 같은 길을 두 번 갈 수 있는 기회가 주어진다고 가정해 볼 때, 과연 여러 가지 악덕을 피할 만한 경험을 우리는 가지고 있을까.

또 하나의 자만

악덕이 우리를 버릴 때에,
우리는 우리 편에서 버리는 것이라고 믿고서 자만한다.

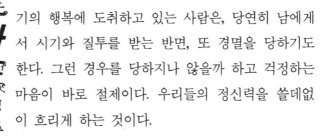자기의 행복에 도취하고 있는 사람은, 당연히 남에게서 시기와 질투를 받는 반면, 또 경멸을 당하기도 한다. 그런 경우를 당하지나 않을까 하고 걱정하는 마음이 바로 절제이다. 우리들의 정신력을 쓸데없이 흐리게 하는 것이다.

바꿔 말해서 고귀의 극치에 달한 사람의 절제라 함은, 자신에게 주어진 운명보다도 위대하게 자기를 남에게 보이고자 하는 욕망인 것이다.

경멸의 대상

경멸당하는 것을 두려워하는 사람은
경멸해야 할 사람이다.

사람은 자칫하면 은혜를 잊고 모욕을 잊기가 쉽다. 뿐만 아니라, 자신에게 은혜를 베푼 사람조차 미워하게 되고, 오히려 모욕을 가한 사람은 미워하지 않게 되기도 한다.

착한 일에 보답하고 악한 일에 복수하고자 노력하는 것이 하나의 굴종인 것처럼 여겨지는 탓으로, 사람들은 여간해서 그런 굴종을 감수하고자 하지 않는 데 연유하는 것이다.

불일치

사람은 때로, 타인과 틀리는 것처럼
자신과도 틀리는 일이 있다.

라 / 로 / 슈 / 푸 / 코   169

본보기라고 하는 것처럼 사람들에게 잘 옮기는 것은 없다. 우리들이 저지르는 크고 작은 선악으로서, 본보기와 길을 같이하지 않는 것은 단 한 가지도 없다.

우리들은 경쟁심에 쫓겨 선행을 모방하고는 수치심에 사로잡혀 있기는 하지만, 본보기에는 해방되는 우리의 천성의 사악에 쫓기어 악행을 모방하는 것이다.

인간에 대한 자연의 규정

자연은, 사람이 태어나면 곧 개개인에 대하여 덕행과 악행의 한계를 규정하는 것이 아닐까.

스로 낮추는 것은 때때로 남을 복종시키기 위하여 세상 사람들이 써먹는 거짓 복종에 지나지 않는다. 스스로를 높이기 위하여 스스로를 낮추는 오만한 자의 상투 수단인 것이다.

오만심의 표현은 여러 가지이지만 자기 비하의 탈 밑에 숨을 때처럼 교묘하게 몸을 도사리는 일도 없으며, 또 그렇게도 능란하게 남을 속여넘기는 일도 없다.

칭 찬

사람이 자기 스스로를 깎아내리는 목적은
남에게 칭찬을 받기 위함이다.

라 / 로 / 슈 / 푸 / 코   171

연애를 하고 있는 남녀가, 서로 언제 그들 사이에 사랑이 없어지는지 알고자 하여 정직하게 마음 속을 말해 주었으면 하고 서로에게 바라는 까닭은, 두 사람 모두 연애의 대상이 없어지는 때를 알고 싶어해서가 아니다.

아무도 그렇지 않다고는 말하지 않는 데도 불구하고 자기들에게 연애의 상대가 있는 것을 더욱 확실히 해두고 싶은 마음에서 비롯된 것이다.

사 랑

사랑을 받고 있다고 생각하는 것만큼
자연스러운 일도 없고, 또 거짓인 것도 없다.

보통 사람들은 재판의 중요한 역할을 담당하고 있는 사람들을 조그만 이익 때문에 기피한다.

그리고 우리들에게는 질투심이 있다는 점에서도, 또 선입관에 사로잡혀 있다는 점에서도, 또 사물을 보는 눈이 없다는 점에서도, 열이면 열 사람 모두가 우리와는 전혀 호흡이 맞지 않는 사람들의 비판에 의하여 우리의 덕망과 명예를 헐뜯으려고 하는 것이다.

더욱이 우리가 갖은 수단 방법으로, 살아 있는 것이 한스러울 정도의 괴로움을 겪고 있는 것은, 오로지 그러한 사람들로 하여금 우리들에게 유리한 판결을 내리게 하고자 함이다.

자부심이 부르는 질투

질투심 속에는 사랑보다는 오히려
자부심이 더 많이 들어가 있다.

사람은 무엇인가를 교섭해 주는 사람에게 자칫하면 불만을 품게 되기 마련이다. 교섭을 맡아 하는 사람이 거의 언제나 교섭의 성공을 탐낸 나머지 교섭을 맡겨 준 사람의 이익을 포기해 버리기 때문이다.

그뿐만 아니라, 교섭의 성공은 계획한 일을 성공시킨 명예로 해서 교섭을 맡은 사람의 몫으로 돌아가는 것이 일반적이다.

약 속

우리는 기대가 되는 일이 있으면 약속을 하고,
마음에 걸리는 일이 있으면 약속을 지킨다.

여자는 연애를 하고 있지 않을 때조차도 연애를 하고 있는 기분으로 있다. 마음을 사로잡아 떨쳐지지 않는 연애의 꿈, 남자에게 구애받을 때의 두근거림, 사랑을 받는 기쁨에 어쩐지 이끌리는 마음, 또는 사랑을 물리치는 마음의 괴로움, 이러한 것들을 생각하면 다만 아양을 희롱하고 있을 뿐이면서도 여자는 전적으로 사랑을 하고 있는 기분이 되어 버리는 것이다.

연애는 가장 작은 결점

연애를 하는 것이야말로 연애에 빠져 있는
여자에게 있어서는 가장 작은 결점이다.

연민이란, 이따금 남의 불행을 계기로 인간들이 자기 자신의 불행을 생각하는 마음이다. 앞으로 우리가 경험하게 될지도 모르는 불행을 미리 교묘하게 경계하려는 것이다.

우리들은 남을 돕는다. 그러나 그것은, 상대방의 마음을 자신에게 기울게 하여 자신이 똑같은 불행을 만났을 때 도움을 받기 위함이다.

그러므로 우리들이 그러한 방법으로 다른 사람의 일을 보아주는 것은, 우리가 미리부터 자기 자신을 위하여 꾸미는 행위인 것이다.

목적을 둔 선행

사람들이 가끔 착한 일을 하는 것은,
악한 일을 해도 벌을 받지 않으려는 속셈에서이다.

잘못을 저지른 사람들을 타이를 경우에 설치는 것은 친절보다는 오히려 오만이다.

또한 우리들이 잘못을 저지른 사람들을 훈계하는 것은, 그들의 잘못을 바로잡기 위해서이기도 하지만, 그것보다는 우리들이 잘못 따위를 저지를 인간이 아니라는 것을 그들에게 인식시키기 위한 한 방법이라 말할 수 있다.

만인에게 평등한 오만

오만은 만인에게 평등한 것이다. 다만 그것을 남 앞에서 드러내는 수단과 태도가 다를 뿐이다.

라 / 로 / 쉬 / 푸 / 코   177

친구가 행복하다는 이야기를 들었을 때 우리가 기쁘게 생각하는 마음은, 우리들이 가지고 있는 선량성에서 우러나오는 것이 아니다. 그렇다고 친구에 대한 친밀감에서 솟아나는 것은 더욱 아니다.

그것은, 다음에는 자기가 행복하게 되겠다든가, 또는 친구의 행운으로부터 무엇인가 이익을 거둘 수 있으리라는 희망에서 우리를 근질근질하게 하는 자부심이 하는 짓이다.

남모르는 욕망

대부분의 인간의 보은 · 감사의 생각은
보다 큰 은혜를 입고자 하는 남모르는 욕망에 지나지 않는다.

세상에는 운명에 좌우되지 않는 어떤 고귀한 취미가 있다. 우리를 세상에서 뛰어나게 만들고, 위대한 업적에 종사하는 운명을 우리에게 내려줄 수도 있는 것처럼 생각되는 어떤 풍모가 바로 그것이다. 자신도 알지 못하는 사이에 자신에 대하여 부여하는 가치가 바로 그것이다.

우리들은 이러한 장점을 가지고 다른 사람들의 존경을 마음대로 차지한다. 그리고 대부분 이러한 장점이야말로 신분·지위·업적 그 자체 이상으로, 우리들로 하여금 남의 위에 서게 하는 것이다.

유명무실한 사람

세상에는 노래로 불려질 사이도 없이
사라져 가는 유행가와 같은 사람이 있다.

라 / 로 / 슈 / 푸 / 코   179

신은, 자연 가운데에 여러 종류의 나무를 심은 것과 같이 인간 속에도 갖가지 재능을 늘어놓았다. 그러므로 개개의 재능은 하나하나의 나무와도 같이 특유한 바탕과 움직임을 가지고 있다.

그렇기 때문에 아무리 훌륭한 배나무일지라도 지극히 평범한 사과 열매조차 맺을 수는 없는 것이고, 또 아무리 훌륭한 재능일지라도 지극히 평범한 재능과 똑같은 일조차도 해낼 수는 없게 된다.

그런 까닭에, 그만한 씨를 갖추지도 못하면서 격언을 이루려고 하는 것은, 한 개의 알뿌리도 심어 놓지 않고서 꽃밭에 튤립을 피우게 하려는 생각과 똑같이 우스운 노릇이다.

재능의 발휘는 운에 따라

사람의 재능이라는 것은
자연히 사람에게 갖추어져 있는 것이다.
그것이 세상에서 쓰이는 것은 사람의 운이다.

적대시하고 있는 사람들의 불행을 우리들이 가엾게 생각하는 저변에는 친절한 마음보다는 교만한 마음이 있다.

우리가 그들을 향해 가엾고 안된 듯한 표정을 짓는 것은, 우리가 그들 위에 서 있는 인간이라는 것을 저들에게 느끼게 하기 위한, 교만한 마음에서 비롯된 수단일 뿐이다.

자신의 결점이 주는 기쁨

만일 우리들에게 결점이 없었다면 남의 결점을 깨달을 경우에 이렇게까지는 기뻐하지 않을 것이다.

자기에게 상당한 결점이 있다고는 생각하지 않는 것이 인간의 본성이다.

그런데 사람들은 몇 가지의 괴상한 성질을 즐겨 자기의 자랑으로 삼으면서 더욱더 결점의 수를 늘리곤 하는 것이다.

그러고는 끊임없이 그러한 결점을 북돋움으로써 그것이 나중에는 고칠래야 고칠 수 없는, 자연히 자기 몸에 밴 결점으로 자리잡아 마음대로 할 수 없이 되어 버리는 것이다.

침묵보다 허물을

사람은 전혀 자기의 이야기를 하지 않기보다는 자신에 대한 흉을 보는 것을 더 좋아한다.

아무리 고약하고 사나운 심성을 가진 존재일지라도 인간은 무슨 일이 있든 미덕을 적으로 돌리는 행동을 할 용기는 없을 것이다.

다만, 미덕을 핍박하고자 생각할 때에 그것은 거짓된 것이라고 생각하는 체하거나, 아니면 미덕이 마치 여러 가지 죄악의 근원이기라도 한 것처럼 말하거나 한다.

이욕의 영향

어떠한 미덕이나 악덕도
이욕이 그것을 이끌어내는 것이다.

밖에 인간은 자기 자신의 잘못을 대부분 알고 있다. 그런데 사람들이 자기의 행위에 대하여 말하고 있는 것을 들으면, 잘못 따위는 절대로 저지르는 일이 없는 인간이 된다.

그러한 경우에 보통 그들의 눈을 어둡게 하는 자부심이 그들의 눈을 밝게 하고 동시에 올바르게 사물을 보는 눈을 주므로, 그들은 자부심에 이끌려 아주 조그마한 일일지라도 남에게 꾸지람을 받을 만한 일은 말하지 않기로 한다거나 또는 교묘하게 꾸며대거나 하는 것이다.

최고의 모사

자부심은 세상에서 제일가는 모사보다도
뛰어난 모사이다.

철학자가 부귀를 아름답지 못한 것이라고 말하는 것은 사람들이 부귀를 악용하기 때문이다.

부귀를 얻고서 그것을 죄에 빠뜨리는 일 없이 사용하는 것은 우리들 마음먹기에 달려 있다. 부귀는, 장작이 불을 꺼뜨리지 않게 하는 것과 마찬가지로 죄를 키우고 또 생장하게 한다.

이와는 반대로, 우리들은 온갖 미덕에 부귀를 바쳐서 한결같이 사람에게 쾌감을 갖게 하는 것으로 만들 수도 있으며, 또 한결같이 빛나는 것으로 할 수도 있다.

부귀를 나눠 주기에는

부귀를 우습게 여기는 사람은 상당히 많다.
그러나 그것을 줄 줄 아는 사람은 별로 없다.

인간은 일거수 일투족을 따라서 그 정열을 채우고자 하지만, 끊임없이 정열의 폭력적이다시피 한 혹독함을 한탄할 정도로 비참하다.

정열의 격렬함을 인내할 수도 없을 뿐더러, 그 속박을 벗어나기 위하여 하지 않으면 안 될 인내도 견디어 낼 수가 없다.

정열 그 자체가 싫증나게 생각될 뿐만 아니라 정열을 치료할 약조차 싫증나게 생각되기 때문에, 자기의 병의 고통을 견뎌 낼 수 없다면 병을 고치는 노력에도 견뎌 낼 수가 없는 것이다.

정열의 장난

정열은 더러 더할 나위 없이 영리한 자를
우둔한 자로 만들고,
더할 나위 없이 우둔한 자를 영리한 자로 만든다.

오랫동안 지속되는 불운 때문에 위대한 사람들이 무력하게 무너져 버리는 것을 보면, 그들이 야심의 힘을 빌려 불운을 버텨 온 것이지, 영혼의 힘으로 인해서임이 아니었음을 깨닫게 된다.

위인과 영웅호걸이라는 사람들도 크나큰 허영심을 제외시키고 나면 보통 일반 사람과 똑같은 인간이라는 것을 알게 되는 것이다.

운명의 힘

자연이 제아무리 큰 우월을 부여하더라도
위인·영웅호걸을 만드는 것은
자연만이 아니고 자연과 손잡은 운명이다.

연   보

1613년 파리에서 출생. 앙구모아 주의 대귀족 출신으로, 처음
        에는 마르샤크 공이라 하고 아버지 별세 후 라 로슈
        푸코 공작이라고 불렸다.

1628년 비봉스 후작의 딸 앙드레와 결혼. 혼인을 계기로 궁
        정인이 됨. 전통에 따라 군복무에 종사.

1629년 오벨뉴 연대 간부 장교로 이탈리아에 출진.

1635년 플랑드르 주에 출정해서 36년까지 전투에 참여. 돌아
        와서 군대의 표리를 폭로하여 리셀뤼 재상의 눈 밖
        에 난 그는 아버지의 성으로 돌아간다.

1637년 재상의 노여움이 풀려 궁정으로 돌아감.

　　　　　루이 13세의 왕비가 계획한 반(反) 리셸뤼 음모 사건
　　　　　에 가담하였다가 투옥됨. 석방된 뒤 하야.

1639년 군대에 복귀하여 오스트리아 군을 격파.

1642년 재상 리셸뤼가 사망한 뒤 왕비의 섭정 시대가 열리며
　　　　　새 국면에 접어든 궁정에서 새로운 음모에 가담.

1646년 이스파니아 군의 침입 때 종군을 지원, 콩데 공의 아
　　　　　들 앙강 후작의 군에 들어가 플랑드르 주에서 싸움.
　　　　　8월 13일, 말지크 전투에서 총탄 세 발을 맞음.

1648년 프롱드의 난(亂)에서 반란군의 지휘를 맡음.

1649년 파리성(城) 밖의 전투에서 목에 중상을 입음.

1650년 아버지 별세. 싸울 의도를 버리지 않은 그는 지방 귀
(~52년) 족의 봉기를 기도.

　　　　　왕실 편의 군대에 의하여 진지가 거의 점령당했음에
　　　　　도 불구하고, 맹목적으로 파리성 밖에서 싸우다가 얼
　　　　　굴에 총탄을 맞음.

1659년 오랜 근신에서 풀리고 8,000루블의 연금을 받음. 정치
　　　　　적 야심을 버리고 문학에 힘쓰며 남은 생애를 보냄.

1663년 스퀴데리 양(孃)이나 사블레 부인의 살롱에 출입.

1665년 라파예트 부인과 친교.《잠언과 고찰》발간.

1680년 3월 16일, 운명.